底线思维
十二讲

徐兆荣　潘梅芝 ◎ 著

坚持底线思维是我们党战胜各种风险挑战、不断从胜利走向胜利的重要思想方法、工作方法和领导方法，也是全面建成社会主义现代化强国、实现第二个百年奋斗目标，以中国式现代化全面推进中华民族伟大复兴的迫切需要。

新华出版社

图书在版编目(CIP)数据

底线思维十二讲 / 徐兆荣,潘梅芝著.—北京：
新华出版社，2022.11
ISBN 978-7-5166-6607-4

Ⅰ.①底… Ⅱ.①徐…②潘… Ⅲ.①中国共产党－
领导干部－思想政治教育－学习参考资料 Ⅳ.①D261.1

中国版本图书馆CIP数据核字(2022)第228732号

底线思维十二讲

作　　　者：徐兆荣　潘梅芝	
责任编辑：赵怀志	封面设计：云　畅
出版发行：新华出版社	
地　　址：北京石景山区京原路8号	邮　　编：100040
网　　址：www.xinhuapub.com	
经　　销：新华书店、新华出版社天猫旗舰店、京东旗舰店及各大网店	
购书热线：010－63077122	中国新闻书店购书热线：010－63072012
照　　排：三河市众誉天成印务有限公司	
印　　刷：三河市众誉天成印务有限公司	
成品尺寸：170mm×240mm	
印　　张：15	字　　数：200千字
版　　次：2023年2月第一版	印　　次：2023年2月第一次印刷
书　　号：ISBN 978-7-5166-6607-4	
定　　价：58.00元	

版权专有，侵权必究。如有质量问题，请与出版社联系调换：010－63077101

前　言

　　底线思维,是指立足客观现实,认真研判和评估可能出现的最坏情况,并在此基础上争取最好局面的积极的战略性思维方法。习近平总书记多次告诫全党要树立底线思维,强调"凡事从坏处准备,努力争取最好的结果,做到有备无患、遇事不慌,牢牢把握主动权"。坚持底线思维,是以习近平同志为核心的党中央保持战略定力、应对错综复杂形势的科学方法,是新发展阶段党员干部必备的领导艺术。

　　底线思维蕴涵着马克思主义的哲学智慧。突出表现在三对辩证关系:一是风险和机遇的辩证关系。既不能只见有利因素而忽视不利因素,也不能只见消极因素而忽视光明的一面,需要在追求"好"的结果的同时,积极做好应对"坏"的准备。二是底线和高线的辩证关系。底线不是守摊子、看地盘,而是立足底线、追求高线。守住底线只是最低要求,更重要的是千方百计向高线进军。三是防御和进取的辩证关系。底线思维不是消极懈怠、无所作为的被动性思维,而是典型的积极防御思维。消极看待底线,只能被动防御,其结果往往是难保底线。只有积极能动地对待底线,才能够真正化被动为主动。

　　底线思维秉承了中华优秀传统文化的忧患意识。"圣人不治已病治未病,圣人不治已乱治未乱"。"治未乱"思想,是先贤治国理政的重要智慧。孔子说的"人无远虑,必有近忧",孟子说的"生于忧患而死于安乐",都是中华优秀传统文化中忧患意识的生动体现。"积谷防饥""曲突徙薪""见微知著"等历史典故,讲的也是忧患意识,强调要从源头上防范化解重大风险,真正把问题解决在萌芽之时、成灾之前。

底线思维源自我们党的优良传统和宝贵经验。在党的七大上,毛泽东同志提出全党要"准备吃亏",强调"要在最坏的可能性上建立我们的政策"。在党的七届二中全会上,面对全国胜利已成定局的大好形势,毛泽东同志又告诫全党警惕资产阶级"糖衣炮弹"攻击,明确提出"两个务必"。改革开放后,邓小平同志认识到改革开放过程中必然会出现很多风险挑战,强调只有未雨绸缪、前瞻部署,才能有效应对风险挑战、不断化险为夷。

底线思维是党的十八大以来以习近平同志为核心的党中央治国理政的重要思想方法、工作方法、领导方法。习近平总书记深刻指出:"当前,我国正处于一个大有可为的历史机遇期,发展形势总的是好的,但前进道路不可能一帆风顺,越是取得成绩的时候,越是要有如履薄冰的谨慎,越是要有居安思危的忧患,绝不能犯战略性、颠覆性错误。"党的十八大以来,中华民族伟大复兴处于关键时期,党和国家之所以能够经受住来自多方面的风险挑战考验,推进伟大变革、取得伟大成就、迎来伟大飞跃,一个十分重要的原因,就是以习近平同志为核心的党中央增强忧患意识、坚持底线思维、进行顽强斗争,带领党和人民扛住了重大风险、穿过了惊涛骇浪、维护了安全环境。

"备豫不虞,为国常道"。任何伟大的事业都绝不可能一蹴而就。正因为如此,党的二十大报告再次强调:"我们必须增强忧患意识,坚持底线思维,做到居安思危、未雨绸缪,准备经受风高浪急甚至惊涛骇浪的重大考验。"

坚持底线思维,就必须加强对重大风险的识别和防范。"祸几始作,当杜其萌;疾证方形,当绝其根。"广大党员干部要强化风险意识,常观大势、常思大局,科学预见形势发展走势和隐藏其中的风险挑战,全方位梳理排查各领域、各环节风险点,做到未雨绸缪。在做每一项工作前,首先要搞清楚底线在哪里、风险在哪里,哪些事情可以做、哪些事情不能做,最坏的情况是什么、最好的结果要什么。要有草摇叶响知鹿过、松风一起知虎来、一叶易色而知天下秋的见微知著能力,对潜在的风险有科学预判,知道风险在哪里、表现形式是什么、发展趋势会怎样。要立足国际秩序大变局来把握规律,透过复杂现象把握本质,抓住要害、找准原因,建立常态化工作机制,不断发现问题,及时研究解决,积极妥善应对。要立足我国发展重要战略机遇期大背景来谋划、处置风险,提高风险化解能力。要压实责任,"谁家孩子谁抱",整合各方力量、科学排兵布阵,打好防范和抵御风险的有准备之战,打好化险为夷、转危为机的战略主动战。需要指出的是,虽然各种风险都要防控,但是要聚焦重点、抓纲带目。在政治领域,要坚持和加强中国共产党的领导,坚持中国特色社会主义,严守政治纪律底线、依法用权底线、以人民为中心底线、基层治理底线;在经济领域,要贯彻落实新发展理念,加快构建新发展格局,实现高质量发展,防止宏观经济大起大落,把握好节奏和力度,平衡好稳增长和防风险的关系,确保粮食、能源、重要资源供给安全,确保产业链供应链稳定安全,防范化解金融风险;在社会和民生领域,要守牢教育、安全健康、就业、社会保障和生态安全底线,防止大规模失业风险,防止出现规模性返贫,加强公共卫生安全,有效化解各类群体性事件。此外,还要加强保障国家安全的制度性建设,有效防范化解各类涉及国家安全的风险。

坚持底线思维,就必须主动作为牢牢守住底线。要把困难和挑战估计得充分一些,把应对各种复杂局面、意外情况的预案做得周密一些,千方百计"托底""守底""保底",尤其要积极主动作为,防范各种风险,推动经济社会持续健康发展。要加强警示教育,让广大党员干部受警醒、明底线、知敬畏,主动在思想上划出红线、在行为上明确界限,真正敬法畏纪、遵规守矩。对违规违纪、破坏法规制度踩"红线"、越"底线"、闯"雷区"的,要坚决严肃查处,不以权势大而破规,不以问题小而姑息,不以违者众而放任,不留"暗门"、不开"天窗",坚决防止"破窗效应"。

坚持底线思维,就必须坚持稳中求进工作总基调。稳中求进工作总基调是我们治国理政的重要原则,也是做好各项工作的方法论。在实际工作中,要强化底线思维,坚持稳中求进,把握好"稳"与"进"的关系。一方面,该稳的要稳住,要稳住经济基本盘,兜住民生底线;另一方面,该进的要进取,在稳的前提下要在关键领域有所进取,在把握好度的前提下奋发有为,统筹发展和安全,牢牢把握发展主动权。

坚持底线思维,就必须继续发扬斗争精神。历史和实践反复证明,一个民族的复兴绝不可能是轻轻松松一帆风顺的,必然要经历一番艰苦的磨炼和斗争。习近平总书记指出:"全党必须增强忧患意识,坚持底线思维,坚定斗争意志,增强斗争本领,以正确的战略策略应变局、育新机、开新局,依靠顽强斗争打开事业发展新天地,最根本的是要把我们自己的事情做好。"当前,世界百年未有之大变局加速演进,世界之变、时代之变、历史之变的特征更加明显。我国发展面临新的战略机遇、新的战略任务、新的战略阶段、新的战略要求、新的战略环境，需要应对的风险和挑战、需要解决的矛盾和问题比以往更加错综复杂。我们必须坚持底线思维、增强忧患意识，把握新的伟大斗争的历史特点，发扬斗争精神，在顽强斗争中有效应对重大挑战、抵御重大风险、克服重大阻力、解决重大矛盾，战胜前进道路上的一切艰难险阻，不断夺取伟大斗争新胜利。

目 录

第一讲 提高底线思维能力是党员干部必备的基本功
一、底线思维的基本要义 …………………………………… 1
二、党员干部必须具备的基本底线思维 …………………… 3
三、党员干部坚持底线思维的必要性、重要性和紧迫性 …… 12
四、党员干部坚持底线思维的实践要求 …………………… 13
【学习与思考】………………………………………………… 20

第二讲 严守政治纪律底线 防范精神懈怠危险
一、增强政治意识,守牢政治底线 ………………………… 21
二、严格纪律要求,守牢纪律底线 ………………………… 23
三、防止精神懈怠,守牢思想底线 ………………………… 28
【学习与思考】………………………………………………… 32

第三讲　坚守依法用权底线　维护国家法律尊严

一、依法治权是马克思主义权力观的基本要求 …………… 33

二、依法用权是党员干部必须坚守的基本底线 …………… 36

三、坚决把权力关进制度的笼子里 ………………………… 40

【学习与思考】 ……………………………………………… 45

第四讲　坚持"以人民为中心"底线　夯实党的执政根基

一、为什么人的问题是一个根本的原则的问题 …………… 46

二、以人民为中心绝不是抽象空洞的口号 ………………… 49

三、以人民为中心来不得半点形式主义 …………………… 50

四、不断夯实以人民为中心的思想基础 …………………… 53

五、以人民为中心构建新发展格局 ………………………… 55

【学习与思考】 ……………………………………………… 58

第五讲　守牢基层治理底线　促进社会治理现代化

一、我国基层社会治理的内涵 ……………………………… 60

二、我国基层社会治理现代化的意义 ……………………… 61

三、当前我国基层社会治理现代化存在的问题及原因 …… 63

四、我国实现基层社会治理现代化的思路探索 …………… 66

【学习与思考】 ……………………………………………… 72

第六讲　守住粮食安全和不发生规模性返贫两条底线

一、牢牢守住保障国家粮食安全底线 …………………… 73
二、守住不发生规模性返贫的底线 ……………………… 80
三、守牢两条底线关键在于深化农业农村改革和城乡融合发展 … 85
【学习与思考】 ……………………………………………… 90

第七讲　防范化解金融风险　守住不发生系统性风险底线

一、清醒认识当前金融领域的风险挑战 ………………… 91
二、警惕金融领域的"黑天鹅"和"灰犀牛"事件 ……… 92
三、强化底线思维在防范金融风险中的重要作用 ……… 93
四、坚决打好防范化解金融风险攻坚战 ………………… 96
五、牢牢守住不发生系统性风险底线 …………………… 101
【学习与思考】 ……………………………………………… 102

第八讲　守住教育公平底线　发展公平而有质量的教育

一、教育公平的涵义 ……………………………………… 103
二、促进教育公平的基本要求、根本措施和关键环节 … 105
三、新时代我国实现教育公平的基本路径 ……………… 107
四、以教育现代化推动持续高质量的教育公平 ………… 111
【学习与思考】 ……………………………………………… 116

第九讲　高度重视安全健康　守护人民生命底线

一、高度重视人民群众生命健康安全是党的初心和使命所系 …… 117

二、积极构建突发公共卫生事件应急管理体系 …………… 119

三、严守安全生产底线，奏响人民至上旋律 ………………… 123

【学习与思考】 ………………………………………………… 126

第十讲　千方百计促进就业　守牢基层民生底线

一、正确认识我国目前的就业形势 …………………………… 127

二、我国促进就业的基本原则和目标要求 …………………… 128

三、以扩大就业容量作为经济发展导向 ……………………… 130

四、以高质量创业带动就业倍增 ……………………………… 134

五、增强对重点就业群体的就业保障能力 …………………… 136

六、以提升劳动者技能素质适应就业市场需求 ……………… 140

七、健全公共就业服务体系 …………………………………… 143

八、提升劳动者收入和权益保障水平 ………………………… 145

【学习与思考】 ………………………………………………… 147

第十一讲　筑牢社会保障底线　全力破解民生之忧

一、我国社会保障事业取得的巨大成就和面临的艰巨任务 … 149

二、党的十九大以来社会保障体系建设的良好发展态势 …… 151

三、今后应如何进一步发挥社会保障的兜底性功能 ………… 154

四、增强社会保障在促进共同富裕中的作用 ………………… 161

【学习与思考】 ………………………………………………… 163

第十二讲　守住生态保护红线　坚定绿色发展底线

一、坚持人与自然和谐共生……………………………………164

二、坚持绿水青山就是金山银山………………………………166

三、坚持山水林田湖草是生命共同体…………………………169

四、坚持良好生态环境是最普惠的民生福祉…………………171

五、坚持用最严格制度最严密法治保护生态环境……………173

六、坚持共谋全球生态文明建设………………………………176

七、以生态保护促进经济高质量发展…………………………184

【学习与思考】…………………………………………………186

附　录

"十四五"规划和2035年远景目标纲要(节选)…………………187

第一讲　提高底线思维能力是党员干部必备的基本功

底线思维是马克思主义的科学思想方法和工作方法，也是党员干部做好各项工作的重要战略策略。习近平总书记在省部级主要领导干部坚持底线思维着力防范化解重大风险专题研讨班开班式上明确指出："坚持底线思维，增强忧患意识，提高防控能力，着力防范化解重大风险，保持经济持续健康发展和社会大局稳定。"① 党员干部是党执政兴国的中坚力量，如何提高底线思维能力，是当前着力加强党的政治建设的重要任务和崭新课题，也是提高政治能力的重要内容和职责要求。

一、底线思维的基本要义

底线思维是党的十八大以来习近平总书记多次强调的一种保持战略定力、应对错综复杂形势的科学思维方法，具体来说，就是："安而不忘危，存而不忘亡，治而不忘乱"②，"凡事从坏处准备，努力争取最好的结果，做到有备无患、遇事不慌，牢牢把握主动权"③。这一思维具有丰富而深刻的科学内涵。

---

① 习近平：《提高防控能力着力防范化解重大风险》，《人民日报》2019年1月22日。
② 习近平：《增强推进党的政治建设的自觉性和坚定性》，《求是》2019年第14期。
③ 《人民日报评论部：坚持底线思维，做到有备无患》，《人民日报》2020年9月24日。

（一）底线思维具有系统性、功能性，着眼于整体目标和全局利益的实现

经济社会是一个复杂的系统，其系统结构、功能优化，均离不开对各种风险的防控与化解。我们坚持底线思维，防控各种风险，最重要的是防控有可能迟滞、阻碍中华民族伟大复兴进程的全局性、系统性风险。因此，不仅要注意补齐短板、提升功能，而且要注意堵塞漏洞、防范风险；不仅要防范系统本身运行中的矛盾、问题和风险，而且要防范外部环境给系统带来的风险；不仅要认清国内形势，而且要把握国际形势，在与其他国家的交往互动中趋利避害、防控风险，更好地发展自己。

（二）底线思维具有目的性、价值性，以实现和维护一定利益和价值为目标

坚持和发展中国特色社会主义、全面建成社会主义现代化强国、实现中华民族伟大复兴的中国梦，是我们坚持底线思维的总体价值目标。而这一总体价值目标，是通过经济、政治、文化、社会、生态文明各个方面建设来体现和实现的。我们必须明白，坚决维护国家主权、安全、发展利益，坚决依靠人民创造历史伟业和美好生活，实现国家富强、民族振兴、人民幸福，是我们坚持底线思维、坚持和发展中国特色社会主义的最高价值取向。但凡有任何影响中国特色社会主义发展、影响中华民族伟大复兴中国梦实现的任何风险都必须坚决防范化解，在这个问题上我们绝不能有丝毫动摇、犹豫和彷徨。

（三）底线思维具有预见性、前瞻性，着眼于防患未然和化危为机

凡事预则立，不预则废。我们只有预先看到前途和趋向，及时察知萌芽中的危险,事先做好计划准备,才能驾驭事物发展进程,减少风险、化解危机。虽然底线思维与战略思维一样,均具有未来导向,但人们在特定情境下的认识能力是有限的,而客观事物总是不断发展变化的,且未来之事有许多是难以预知的,因此也就随时都有可能出现偶然的、意外的事件。这就要求我们常存戒慎之心,绝不能盲目乐观,对于要实现的伟大目标要做深谋远虑的思考,以寻求长远发展和长治久安之策。

二、党员干部必须具备的基本底线思维

底线是事物质变的分界线、做人做事的警戒线,不可踩、更不可越。习近平总书记强调,要"把做人做事的底线划出来"①。这其中最主要的就是法律底线、纪律底线、政策底线和道德底线。这几条底线是最基本的底线,是党员干部的行动总则,是党员干部做人的立身之本、做事的思想根基、处世的根本标准。党员干部必须坚守好这些底线。

(一)法律底线是"高压线"

法律就好比高压线,不能触碰,不容挑战。中国特色社会主义法律体系,是以宪法为统帅,以法律为主干,以行政法规、地方性法规为重要组成部分,由宪法相关法、行政法、经济法、社会法、民法、刑法、诉讼与非诉讼程序法等多个法律部门组成的有机统一整体。

这里选择几项作重点说明。

---

① 习近平:《把全面从严治党落实到每一个支部》,新华社 2016 年 4 月 6 日。

1. 宪法

宪法是中国特色社会主义法律体系的统帅。宪法是国家的根本大法，在中国特色社会主义法律体系中居于统帅地位，是国家长治久安、经济发展、社会进步、民族团结的根本保障。在中国，各族人民、一切国家机关和武装力量、各政党和各社会团体、各企事业组织，都必须以宪法为根本的活动准则，并负有维护宪法尊严、保证宪法实施的职责。

中国现行宪法是一部具有中国特色、符合社会主义现代化建设需要的宪法，是治国安邦的总章程。中国宪法确立了国家的根本制度和根本任务，确立了中国共产党的领导地位，确立了马克思列宁主义、毛泽东思想、邓小平理论、"三个代表"重要思想、科学发展观和习近平新时代中国特色社会主义思想的指导地位，确立了工人阶级领导的、以工农联盟为基础的人民民主专政的国体，确立了人民代表大会制度的政体，规定了国家的一切权力属于人民、公民依法享有广泛的权利和自由，确立了中国共产党领导的多党合作和政治协商制度、民族区域自治制度以及基层群众自治制度，确立了公有制为主体、多种所有制经济共同发展的基本经济制度和按劳分配为主体、多种分配方式并存的分配制度。

中国现行宪法在保持稳定的同时，随着改革开放和社会主义现代化建设事业的推进而与时俱进、不断完善，及时将实践证明是成熟的重要经验、原则和制度写入宪法，充分体现了中国改革开放的突出成果，体现了中国特色社会主义建设事业的伟大成就，体现了社会主义制度的自我完善和不断发展，为改革开放和社会主义现代化建设提供了根本保障。

2. 立法法

立法法规定了全国人大及其常委会的专属立法权。全国人民代表大会制定和修改刑事、民事、国家机构的和其他的基本法律；全国人民代表大会常务委员会制定和修改除应当由全国人民代表大会制定的法律以外的其他法律，在全国人民代表大会闭会期间，可以对全国人民代表大会制定的法律进行部分补充和修改，但不得同该法律的基本原则相抵触。

3. 行政法规

行政法规是中国特色社会主义法律体系的重要组成部分。行政法规在中国特色社会主义法律体系中具有重要地位，是将法律规定的相关制度具体化，是对法律的细化和补充。

国务院根据宪法和法律，制定行政法规。这是国务院履行宪法和法律赋予的职责的重要形式。行政法规可以就执行法律的规定和履行国务院行政管理职权的事项作出规定，同时对应当由全国人大及其常委会制定法律的事项，国务院可以根据全国人大及其常委会的授权决定先制定行政法规。新中国成立以来，特别是改革开放以来，国务院适应经济社会不断发展和行政管理的实际需要，按照法定权限和法定程序制定了大量行政法规，包括行政管理的各个领域，涉及国家经济、政治、文化、社会事务等各个方面，对于实施宪法和法律、保障改革开放和社会主义现代化建设、促进经济社会全面协调可持续发展、推进各级人民政府依法行政，都发挥了非常重要的作用。

4. 地方性法规

地方性法规是中国特色社会主义法律体系的又一重要组成部分。根据宪法和法律，省、自治区、直辖市和较大的市的人大及其常委会可以制定地方性法规。这是人民依法参与国家事务管理、促进地方经济社会发展的重要途径和形式。

地方性法规可以就执行法律、行政法规的规定和属于地方性事务的事项作出规定，同时除只能由全国人大及其常委会制定法律的事项外，对其他事项国家在尚未制定法律或者行政法规的情况下，可以先制定地方性法规。

地方性法规在中国特色社会主义法律体系中同样具有重要地位，是对法律、行政法规的细化和补充，是国家立法的延伸和完善，为国家立法积累了有益经验。

地方人大及其常委会积极行使地方立法职权，从地方经济社会发展实际出发，制定了大量地方性法规，对保证宪法、法律和行政法规在本行政区域内的有效实施，促进改革开放和社会主义现代化建设，发挥了重要作用。

总之，坚守法律底线，就是要求党员干部要始终坚持法定职责必须为、法无授权不可为，自觉坚持依法办事，自觉在法律法规的范围内活动，时刻牢记"法律红线不可逾越、法律底线不可触碰"[①]。广大党员干部在干事创业过程中必须心悬明镜、手握戒尺，知晓为官做事尺度、带头学法用法守法，培养自觉守法、依法办事的习惯，坚决守住法律的底线。

（二）纪律底线是"警示钟"

常言道："没有规矩，不成方圆"。党规党纪体现着党的理想信念宗旨，是管党治党的尺子，也是党员干部最基本的要求。

党的纪律底线要求党员干部要有自律性，要认真学习党规党纪，切实强化党员干部的纪律意识、规矩意识和组织意识，把标准树起来、把纪律严起来、把规矩立起来。在工作中要时刻以规矩为标准对照自己，以纪律为底线规范自己，不断加强党性修养，强化政治自觉和政

---

① 习近平：《做焦裕禄式的县委书记》（2015年1月12日），《学习时报》2015年9月7日。

第一讲 提高底线思维能力是党员干部必备的基本功

治定力,真正做到心有所畏、言有所戒、行有所止。

我们党形成了一套比较完善的党内法规体系,并以此为主干形成了一套系统完备的党的制度,这在世界上是独一无二的,彰显出中国共产党作为世界上最大的政党具有的大党的气派、大党的智慧、大党的治理之道。

2021年7月1日,习近平总书记在庆祝中国共产党成立100周年大会上宣布,我们党已经"形成比较完善的党内法规体系"[①]。这一制度建设重大成果来之不易,是我们党100年来持续推进建章立制特别是党的十八大以来全面深化党的建设制度改革的结果;这一党的建设重要成就彪炳史册,是党的建设史特别是党内法规制度建设史上的一个重要里程碑,标志着党内法规制度建设由此迈入高质量发展新阶段,全面从严治党、依规治党站在新的历史起点上;这一基础性制度支撑事关根本,为保证全党团结统一、行动一致,为党统揽"四个伟大"提供了坚强有力的制度保障,对于党以史为鉴、开创未来,团结带领全国人民实现中华民族伟大复兴具有重要意义。

党内法规体系,是以党章为根本,以准则、条例等中央党内法规为主干,由各领域各层级党内法规组成的有机统一整体。按照"规范主体、规范行为、规范监督"相统筹相协调的原则,党内法规体系以"1+4"为基本框架,即在党章之下分为党的组织法规、党的领导法规、党的自身建设法规、党的监督保障法规四大板块。

1. 党章

党章是立党治党管党的总章程,对党的性质和宗旨、路线和纲领、指导思想和奋斗目标、组织原则和组织机构、党员义务和权利以及党

[①] 习近平:《在庆祝中国共产党成立100周年大会上的讲话》(2021年7月1日),《求是》2021年第14期。

的纪律等作出根本规定，全面阐明党的政治立场、政治目标、政治路线、政治方针，集中反映党重大的理论创新、实践创新、制度创新成果，是党和人民实践经验和集体智慧的结晶，是党的统一意志最集中体现，是统一全党思想和行动、引领全党前进的"一面公开树立起来的旗帜"①。

党章是党的根本大法，是全党必须遵守的总规矩，是全党最基本、最重要、最全面的行为规范，是坚持党的全面领导、加强党的自身建设的根本依据，是党管党治党、执政治国的根本遵循。

党章是最根本的党内法规。党的一切制度是从党章开始的，党章是所有党内法规的源头，是制定一切党内法规的基础和依据。

党章由党的全国代表大会制定和修改，代表党的最高意志，在党内法规体系中位阶最高，具有最高效力和最高权威，任何党内法规以及任何党的制度都不得同党章相抵触。

2. 党的组织法规

党的组织法规，是全面规范党的各级各类组织产生、组成、职权职责等内容的党内法规，为党管党治党、执政治国提供组织制度保障。党的组织法规，主要包括党的组织体系方面的法规、党内选举方面的法规、党的组织工作方面的法规、党的象征标志方面的法规。

3. 党的领导法规

党的领导法规，是规范和保障党对各方面工作实施领导，明确党与人大、政府、政协、监察机关、审判机关、检察机关、武装力量、人民团体、企事业单位、基层群众性自治组织、社会组织等领导与被领导关系的党内法规，为党发挥总揽全局、协调各方的领导核心作用

---

① 语出习近平总书记援引恩格斯的话，参见《习近平：加快建设社会主义法治国家》一文，《求是》2015年第1期。

提供制度保障。党的领导法规，主要包括党领导经济建设方面的法规、党领导政治建设方面的法规、党领导文化建设方面的法规、党领导社会建设方面的法规、党领导生态文明建设方面的法规、党领导国防和军队建设方面的法规等。

4. 党的自身建设法规

党的自身建设法规，是全面规范党的政治建设、思想建设、组织建设、作风建设、纪律建设等内容的党内法规，为提高党的建设质量、永葆党的先进性和纯洁性提供制度保障。党的自身建设法规主要有：党的政治建设方面的法规、党的思想建设方面的法规、党的组织建设方面的法规、党的作风建设方面的法规、党的纪律建设方面的法规等。

5. 党的监督保障法规

党的监督保障法规，是全面规范党的监督、激励、惩戒、保障等内容的党内法规，为保证党组织和党员干部履行好党和人民赋予的职责提供制度保障。党的监督保障法规主要有：监督方面的法规、奖惩方面的法规、保障方面的法规。

总而言之，党内法规具有强烈政治属性、鲜明价值导向、科学治理逻辑、统一规范功能，高度凝结了党的理论创新和实践经验，是党的中央委员会、中央纪律检查委员会以及党中央工作机关和省、自治区、直辖市党委制定的体现党的统一意志、规范党的领导和党的建设活动、依靠党的纪律保证实施的专门规章制度。坚持依规治党、加强党内法规制度建设，是"中国之治"的一个独特治理密码，是呈现中国特色社会主义制度优势的一张金色名片，也为世界政党治理贡献了中国智慧和中国方案。

（三）政策底线是"风向标"

党的路线方针政策是党的理论在治党治国、执政理政上的具体体现，是党员干部干事创业的行动指南。坚守政策底线，就是要求党员干部要不折不扣地学习和贯彻执行党的路线方针政策，具备高度的政治觉悟、政治担当，在思想上政治上行动上同以习近平同志为核心的党中央保持高度一致；坚守政策底线，就是要求党员干部在基层工作中做到按规矩办事、按制度办事，懂规矩、守规矩，带头落实中央的各项决策部署，把政策底线落到实处。

一是做学习党的路线方针政策的先行者。党的路线方针政策一出台，基层党组织就要及时组织传达学习。同时要不断改进学习方法，注重联系实际学、根据需要学、围绕工作学、盯着问题学，深刻领会党的路线方针政策的精神实质，把握党的正确政治方向，始终同党中央保持高度一致。

二是做党的路线方针政策的传播者。党的路线方针政策的执行不仅要依靠各级党组织，更要依靠人民群众的积极参与，才能取得成功。基层党组织最贴近群众，毫无疑义应该承担起宣传的重担，通过生动活泼、贴近群众、入情入理的宣传，达到家喻户晓，把群众的思想统一到党的决定上来，奠定落实党的路线方针政策的群众基础。

三是做党的路线方针政策的监督者。严肃政治纪律、加强监督检查，是维护中央权威、保证政令畅通的保障。基层党组织不仅要带头执行，还要监督执行，使党员和群众做到不散布、不发表、不传播违背党的理论和路线方针政策的意见和言论，增强贯彻执行党的路线方针政策的自觉性和坚定性。

四是做党的路线方针政策的实践者。广大党员干部要紧密联系实际，创新工作方法，根据本单位本部门的现实条件、发展状况、发展目标，以及干部群众的思想状况、工作状况等，制定出正确的在本单位本部门落实党的路线方针政策和上级党组织决议的工作计划和工作措施，领导人民群众把党的路线方针政策落到实处。

总之，党员干部只有自觉坚持政策底线，才能将政策落实化为实际行动，做到令行禁止、表里如一、言行一致。

（四）道德底线是"基本功"

"德乃官之本，为官先修德"。道德底线是做人之基，也是为官之本。坚守道德底线，要求党员干部坚守高尚的品格，严于律己，以正心为本、以修身为基。否则，一旦突破了道德底线，欲望必将如同一张巨网越长越大，将人拉入黑暗的深渊。党员干部要自觉培养高尚道德情操，努力弘扬中华民族传统美德，以社会公德、职业道德、家庭美德等一系列道德规范来约束自己的言行，自觉廉洁从政，清清白白为官、踏踏实实做人、老老实实干事，坚守最基本、最朴素的为官做人处事的道德底线。

一要养成严谨家风。每一位党员干部都要把家风建设摆在重要位置，廉洁修身、廉洁齐家；要进一步认清家风建设的重要性、必要性和紧迫性；要以社会主义核心价值观为统领，以崇德明理、遵纪守法、勤勉做事、真诚待人、勤劳俭朴等为主要内容，坚定地行进在树立和践行良好家风的第一方阵中。

二要培养健康情趣。培养健康情趣，就是培养高尚的精神追求，选择高雅的个人爱好，摆脱庸俗的低级趣味，不断提升思想道德境界。对党员干部来说，生活情趣绝不是个人小事，而是事关大节。要善于辨别情趣爱好的良莠，克己慎行、洁身自好，时时念好"紧箍咒"，分清情趣爱好的雅俗，心境求高洁、人格求完美、学养求丰富，不以"小节无碍"原谅自己、不以"下不为例"开脱自己、不以"无人知晓"放松自己。要净化生活圈、规矩工作圈、交好朋友圈，做到慎独、慎初、慎微、慎友，始终保持一身正气、两袖清风。

三要树立良好官德。凡为官者，须要有公心之德。党员干部要大公无私、公私分明、先公后私、公而忘私，时时念公心、事事出公心，坦荡做人、谨慎用权；要有责任之德，切实明确肩负的责任，勇担时代的使命，创造性地开展工作；要有果敢之德，既能毅力坚定，又有快刀斩乱麻的气魄，特别是关键时刻，不跟风、不摇摆，踏踏实实干事，具有处理好各种错综复杂问题的能力。

三、党员干部坚持底线思维的必要性、重要性和紧迫性

坚持底线思维、增强忧患意识，是我们党战胜各种风险挑战、不断从胜利走向胜利的重要思想方法、工作方法和领导方法。革命战争年代，毛泽东同志既坚信中国的发展前途光明，又指出道路曲折、困难很多，要宁肯把困难想得更多一些，承认困难、分析困难、排除万难，以达到胜利的目的。1945年，毛泽东同志在党的七大上一口气列了17条困难。党的十八大以来，习近平总书记多次强调，要坚持底线思维，不回避矛盾，不掩盖问题，凡事从坏处准备，努力争取最好的结果，做到有备无患、遇事不慌，牢牢把握主动权①。

坚持底线思维，是认识把握外部环境深刻变化和我国改革发展稳定面临的新情况新问题、应对各种风险挑战、维护国家安全、保持我国经济社会持续健康发展、不断推进中国特色社会主义事业的内在要求。党的十八大以来，以习近平同志为核心的党中央始终坚持底线思维，积极作为、未雨绸缪，见微知著、防微杜渐，下好先手棋、打好主动仗，成功应对重大挑战、抵御重大风险、克服重大阻力、解决重

---

① 人民日报评论部：《坚持底线思维，做到有备无患》，《人民日报》2020年9月24日。

大矛盾，推动党和国家事业发生历史性变革、取得历史性成就。当前，面对波谲云诡的国际形势、复杂敏感的周边环境和艰巨繁重的改革发展稳定任务，我们必须始终保持高度警惕，增强驾驭风险本领，以自己的实际行动助力党把方向、谋大局、定政策、促改革的能力和定力，以此促进健全各方面风险防控机制，有效防范、抵御、应对、化解各种风险。

坚持底线思维是坚持稳中求进工作总基调的原则要求。把握好"稳"与"进"的关系，稳是主基调，稳是大局。我们既要在稳的前提下在关键领域有所进取，又要在把握好度的前提下奋发有为。因此必须坚持底线思维，增强忧患意识，强化风险意识，着力打赢防范化解重大风险攻坚战。否则，就可能犯脱离实际、超越阶段而急于求成、急躁冒进的错误，不仅不能在关键领域有所"进"，反而导致经济社会发展出现巨大倒退，丧失各项工作主动权。

坚持底线思维是全面建设社会主义现代化国家、实现中华民族伟大复兴中国梦的坚强保障。中华民族的伟大复兴，不是轻轻松松、敲锣打鼓就能实现的，需要保持充分的战略定力和战略耐心，攻坚拔寨、勇闯关隘。这个时候，我们绝不能在根本性问题上出现颠覆性错误。可见，坚持底线思维，搞清楚底线在哪、风险在哪，哪些事情可以做、哪些事情不能做，最坏的情况是什么、最好的结果是什么，重要意义不言而喻。

四、党员干部坚持底线思维的实践要求

新时代新阶段，全面建设社会主义现代化国家、实现中华民族伟大复兴正处于关键时期。越是关键期，往往也是矛盾凸显期。广大党

员干部要本着对历史负责、对人民负责的态度，善于运用底线思维，勇于战胜前进道路上的各种艰难险阻，牢牢把握主动权。

（一）强化忧患意识，切实做好应对风险挑战的充分准备

就底线思维而言，其核心价值指向便是忧患意识。居安思危，未雨绸缪，把形势想得更复杂一点，把挑战看得更严峻一些，做好应对最坏局面的准备，这是提高底线思维能力的入手处和着力点。

忧患意识植根于中华优秀传统文化。《周易》中讲："君子安而不忘危，存而不忘亡，治而不忘乱，是以身安而国可保也"；孔子云："君子忧道不忧贫"；孟子曰："生于忧患而死于安乐"。这些凝聚传统忧患意识的传世之言，充分体现出中华民族应对自然风险和进行社会治理的智慧精华。

在西方思想文化中，底线思维和忧患意识同样有着悠久的传统与理论渊源。古希腊的目的论学者强调，凡事都存在不可逾越的底线，行事前要有风险意识。著名神话故事达摩克利斯之剑，就是提醒人们要有居安思危、时刻考虑最坏情况的危机意识。

习近平总书记指出："我们党是生于忧患、成长于忧患、壮大于忧患的政党。"[1] 共产党人的忧患意识，就是忧党、忧国、忧民意识，这是一种责任，更是一种担当。今天，我们比历史上任何时期都更接近、更有信心和能力实现中华民族伟大复兴的目标，越是这个时候，越要有如履薄冰的谨慎，越要有居安思危的忧患。

面对世界百年未有之大变局，党员干部要进一步增强防范化解重大风险的政治自觉和责任担当，常怀忧患之心，忧党之安危、忧国之

---

[1] 《中共中央政治局召开民主生活会 习近平主持并发表重要讲话》，《人民日报》2017年12月27日。

第一讲 提高底线思维能力是党员干部必备的基本功

兴衰、忧民之苦乐、忧底线之能否坚守，切实做好应对风险挑战的思想准备和各项工作，努力将矛盾消解于未然，将风险化解于无形。在思维理念上，要强化风险意识，常观大势、常思大局，科学预见形势发展走势和隐藏其中的风险挑战，不忽视一个风险，不放过一个隐患；在组织运筹上，要提高风险化解能力，透过复杂现象把握本质，抓住要害、找准原因，果断决策，善于引导群众、组织群众，善于整合各方力量、科学排兵布阵，有效予以处理；在工作机制上，要完善风险防控机制，建立健全风险研判机制、决策风险评估机制、风险防控协同机制和责任机制，主动加强协调配合，坚持一级抓一级、层层抓落实。当前，特别是要立足最困难、最复杂、最意外的局面，把预案做得周密一些，宁可备而不用，宁可多备几手，不可用时无备，从而做到遇事不慌、临危不乱、不走弯路、不跌跤。只有这样，"托底""守底""保底"，才能有可靠的保证。

（二）提高理论素养，努力掌握马克思主义的锐利思想武器

提高底线思维能力，找准底线是前提，加强理论武装是保证。广大党员干部要深入学习马克思主义基本理论，学懂弄通习近平新时代中国特色社会主义思想这一当代中国的马克思主义、21世纪的马克思主义，掌握贯穿其中的辩证唯物主义世界观和方法论。一是在道路方向方面，决不能在根本性问题上出现颠覆性错误，既不走封闭僵化的老路，也不走改旗易帜的邪路；二是在经济建设方面，要把防控金融风险放到更加重要的位置，牢牢守住不发生系统性风险底线；三是在依法治国方面，牢固树立法律红线不能触碰、法律底线不能逾越的观念，守住做人、处事、用权、交友的底线，自觉维护法律尊严和权威；四是在生态环境保护方面，实行最严格的生态环境保护制度，严守生

态保护红线；五是在外交战略方面，尽管要坚持走和平发展道路，但也决不能放弃我们的正当权益，决不能牺牲国家核心利益。

党员干部要深入学习、准确把握习近平总书记关于坚持底线思维系列重要讲话的丰富内涵和精神实质，树立明确的底线意识，增强坚守底线的坚定性、自觉性。同时，要深入实际、深入基层、深入群众，围绕各种风险源进行全面调查研判，经过思考、分析、综合，对形势作出精准判断，找准必须坚守的底线，坚决不让小风险演化为大风险，不让个别风险演化为综合风险，不让局部风险演化为区域性或系统性风险，不让经济风险演化为社会政治风险，不让国际风险演化为国内风险。只有这样，才能真正练就一双政治慧眼，像望远镜一样看得"远"，像广角镜一样看得"宽"，像显微镜一样看得"真"；才能防微杜渐、转危为机，下好先手棋、打好主动仗。

（三）发扬斗争精神，在应对和防范重大风险中增强本领

底线思维不是无所作为的消极被动思维，而是奋发向上的积极防御性思维，斗争性、进取性、创新性是其显著特征。习近平总书记强调："防范化解重大风险，需要有充沛顽强的斗争精神。"[①] 党员干部的底线思维能力不是与生俱来、一蹴而就的，也不是一劳永逸的，唯一的路径方法就是积极投身伟大斗争、伟大工程、伟大事业、伟大梦想的火热实践，加温淬火、千锤百炼、锻造成钢。

当前，我们正在进行具有许多新的历史特点的伟大斗争，面临很多可以预见和难以预见的重大风险，还有很多"娄山关""腊子口"。要征服这些难关隘口，迫切需要党员干部发扬"充沛顽强的斗争精

[①] 习近平：《提高防控能力着力防范化解重大风险　保持经济持续健康发展社会大局稳定》，《人民日报》2019年1月22日。

神",既要"有守",更要"有为",做到守土有责、守土负责、守土尽责。

无数事实证明,在重大风险面前,主动迎战才有生路、敢于斗争才可能成功。党员干部敢于担当作为,既是政治品格,也是从政本分。要以对党忠诚、为党分忧、为党尽职、为民造福的政治担当,面对矛盾问题敢于迎难而上,面对危机敢于挺身而出,面对失误敢于承担责任,面对歪风邪气敢于坚决斗争,做疾风劲草,当烈火真金,永葆斗争精神,以"踏平坎坷成大道,斗罢艰险又出发"的顽强意志,应对好每一场重大风险挑战。

软肩膀挑不起硬担子。党员干部不仅要敢于斗争,还须善于斗争。无论干事创业还是攻坚克难,不仅需要宽肩膀,也需要铁肩膀;不仅需要政治过硬,也需要本领高强。当前,统筹推进"五位一体"总体布局、协调推进"四个全面"战略布局、贯彻落实新发展理念、构建新发展格局、推动高质量发展,做好稳增长、促改革、调结构、惠民生、防风险、保稳定,等等,都需要发扬斗争精神,增强斗争本领,做到谋勇兼备、善于斗争。

在全面建设社会主义现代化建设新征程中,党员干部要下大力气提高各方面能力,深入实践,经风雨、见世面,长才干、壮筋骨,特别是年轻干部要到重大斗争中去真刀真枪干,要做起而行之的行动者、不做坐而论道的清谈客,当攻坚克难的奋斗者、不当怕见风雨的泥菩萨,在摸爬滚打中增长才干、在层层历练中积累经验,练就一身驾驭和应对风险的真本领。

(四)加强党性修养,坚决守住为官做人的底线

习近平总书记强调:"我们要教育引导广大党员、干部坚定理想信

念、坚守共产党人精神家园，不断夯实党员干部廉洁从政的思想道德基础，筑牢拒腐防变的思想道德防线。"[①] 一定意义上讲，底线思维是弘扬高尚道德的思维，可以激发人的精神动力，成就理想人格。

党的十八大以来，我们党以自我革命精神推进全面从严治党，反腐败斗争取得压倒性胜利，但这并不意味着我们就可以高枕无忧。我们必须清醒认识到，党面临的长期执政考验、改革开放考验、市场经济考验、外部环境考验具有长期性和复杂性，党面临的精神懈怠危险、能力不足危险、脱离群众危险、消极腐败危险具有尖锐性和严峻性，唯有守住底线，才能化危为机。

新的形势下，党员干部必须主动融入党内政治生活这个大熔炉，加强党性修养和锻炼，经常接受政治体检，不断掸去思想上的灰尘，带头遵守党纪条规，带头践行"五个必须"，防止"七个有之"，切实增强政治定力、纪律定力、道德定力、抵腐定力，做到心有所畏、言有所戒、行有所止，不踩红线、不越底线、不闯雷区。说到底，就是要增强自制力，慎独慎微慎权，守住守好为官从政做人的底线，管严管紧生活圈、交往圈、娱乐圈，使自己的行为始终在党纪国法的边界之内。必须坚守政治底线，对党绝对忠诚，增强"四个意识"、坚定"四个自信"、做到"两个维护"，严守党的政治纪律和政治规矩，始终在政治立场、政治方向、政治原则、政治道路上同以习近平同志为核心的党中央保持高度一致。必须坚守道德底线，带头践行社会主义核心价值观，持之以恒锤炼政德，明大德、守公德、严私德。必须坚守法治底线，增强法治意识，弘扬法治精神，自觉按法定权限、规则、程序办事。必须坚守廉洁底线，留足安全距离，增强"不想腐"的自

[①] 习近平：《借鉴历史上优秀廉政文化　不断提高拒腐防变能力》，《人民日报》2013年4月21日。

第一讲 提高底线思维能力是党员干部必备的基本功

觉,知敬畏、存戒惧、守法度,坚决防范被利益集团"围猎",注重家庭家教家风,自觉做廉洁自律、廉洁用权、廉洁齐家的模范。

(五)坚持一体推进,自觉把底线思维纳入科学思维体系中来培养提高

习近平总书记强调,要"提高战略思维、历史思维、辩证思维、创新思维、法治思维、底线思维能力"[①]。尽管这六种思维能力的内涵、特征、功能各不相同,但却有着辩证的逻辑关系,彼此紧密联系、相互贯通、相互作用,构成一个完整的科学思维体系。

党员干部要提高底线思维能力,离不开对其他思维方法的系统学习和掌握。只有具备战略思维能力,才能高瞻远瞩、统揽全局,把握事物发展的总体趋势和方向,以长远眼光和全局视角对可能出现的危机和风险进行预判;只有具备历史思维能力,才能以史为鉴、知古鉴今,把握历史规律、认清历史走向,从而处变不惊、坚定信心;只有具备辩证思维能力,才能抓住关键、找准重点,既看到有利的一面,又看到不利的一面,克服片面化、极端化;只有具备创新思维能力,才能与时俱进、开拓创新,打破迷信经验、本本和权威的惯性思维,打开工作的新局面;只有具备法治思维能力,才能尊崇法律、敬畏法律,从而做到在法治之下,而不是法治之外,更不是法治之上想问题、作决策、办事情。

由此可见,底线思维不是孤立的,提高底线思维能力也不能搞"单打一",只有统筹兼顾、系统推进、多向用力,全面提升科学思维能力,才能真正确立和运用底线思维,增强工作的科学性、预见性、

[①] 习近平:《提高防控能力着力防范化解重大风险 保持经济持续健康发展社会大局稳定》,《人民日报》2019年1月22日。

主动性和创造性。

古人云:"天下之祸不生于逆,生于顺。"今天,我们比历史上任何时期都更接近、更有信心和能力实现中华民族伟大复兴的目标,越是这个时候,越要有如履薄冰的谨慎,越要培养"凡事从坏处准备"的底线思维。唯有如此,才能从容应对各种挑战,引领承载着中国人民伟大梦想的航船乘风破浪、砥砺前行。

学习与思考

1. 什么是底线思维?底线思维具有哪些科学内涵?
2. 党员干部必须具备的基本底线思维主要包括哪些方面?
3. 党员干部为什么要坚持底线思维?应如何坚持底线思维?
4. 结合当前实际谈谈坚持底线思维的重要性和紧迫性。

第二讲　严守政治纪律底线　防范精神懈怠危险

习近平总书记指出:"干部廉洁自律的关键在于守住底线"①。广大党员干部要时刻树立底线思维,严守底线不放松,始终追求高标准,把纪律和规矩挺在前面,将党和人民的利益摆在首位,坚定不移地与以习近平同志为核心的党中央保持高度一致,自觉从严从实要求自己,增强政治意识,严格纪律要求,防范精神懈怠,全身心投入到全面建设社会主义现代化国家新征程中,为实现中华民族伟大复兴做出自己应有的贡献。

一、增强政治意识,守牢政治底线

增强政治意识、守牢政治底线,着重要做到以下几点:

一是要自觉认真学习党章、党史,特别是要认真学习习近平新时代中国特色社会主义思想和党的二十大精神,进一步坚定理想信念,练就"金刚不坏之身",始终做到在党言党、在党忧党、在党为党,坚定不移听党话、跟党走,在大是大非面前旗帜鲜明,擦亮对党忠诚的政治名片。要把提高政治能力作为终生任务,把有行动的担当作为最

---

① 习近平:《不得罪成百上千的腐败分子,就要得罪十三亿人民》,人民网—中国共产党新闻网 2017 年 1 月 22 日。

好的讲政治，乐于挑最重的担子、啃最硬的骨头，事不避难、义不逃责，在千锤百炼中经受住考验，不断提升能力。要以勇于自我革命精神打造和锤炼自己，始终自觉践行马克思主义的世界观、人生观、价值观，不断淬炼党性、提升修养、提高政治能力。

二是要提高对政治时局变化的把握与认知能力，加强对政治问题与重大社会事件的分析和判断能力，这是党员干部政治修养的重要表现，也是衡量其素质高低的重要标尺。当前国际形势风云变幻，国内改革已进入攻坚期和深水区，支撑发展的要素与条件都已发生深刻变化，党员干部必须增强政治意识，对不断变化的形势有清醒的认知。

三是要始终坚持先进性和人民性，时刻走在历史和时代前列，全心全意为人民谋利益。先进性是马克思主义政党的本质属性，是马克思主义政党的生命所在、力量所系。保持党的先进性，就是要一切从实际出发，将共产党人的远大理想与"人民对美好生活的向往"紧密结合起来，切实履行人民赋予的职责，担当起时代赋予的历史使命。

四是要自觉构筑拒腐防变的思想防线，弘扬党的优良作风，始终保持与人民群众的血肉联系。事实证明，共产党人的政治敏感性任何时候都不能脱离群众观点和群众路线而存在，人民群众的信任和支持始终是我们党最坚实的执政基础。增强政治意识就是要坚持党要管党、从严治党，认真倾听人民群众呼声，切实解决自身存在的突出问题，改进工作作风，使我们党始终站在时代和历史潮流的前列。如此，才能增强人民群众对中国特色社会主义的思想认同、政治认同和情感认同，激发共同思想政治基础上的道路自信、理论自信、制度自信和文化自信。

五是要努力提高对国情、世情、舆情深刻把握的能力。中国的和平发展已成为当前国际体系的重要推动和建设力量，然而西方世界并未完全放弃冷战思维和遏制战略，一些妖魔化中国、唱衰中国、捧杀中国的杂音不绝于耳。面对互联网时代舆情爆炸式传播的态势，广大党员干部既要敢于应对变化与挑战，同时也要努力提升自身理论素养，学会运用马克思主义的立场、观点和方法分析错综复杂的国内外形势。

六是要努力提高明辨是非的积极性和主动性。当前，我国社会问题多发，群众认识观点也多种多样。对此，每一位党员干部既要对那些带有颠覆性心态评判中国现实的观点、思潮保持足够的辨析能力，又要能够引导人民群众以更为开阔的视野和积极的态度，全面客观理性地评判当代中国改革发展中的成绩与矛盾。

历史和现实告诉我们，在任何时期，共产党人加强理论学习和独立思考，增强政治意识、守住政治底线，都是非常必要的。广大党员干部只有不断提高理论修养和能力水平，才能在纷繁复杂的国际国内形势下，始终保持清醒的头脑，做到在谣言面前不听信、在是非面前不误判、在危机面前不慌乱、在诱惑面前不迷失，牢牢守住共产党人的政治底线。

二、严格纪律要求，守牢纪律底线

严格的组织、严明的纪律，是中国共产党的优良传统，也是中国共产党不断发展壮大、不断开创各项事业新局面的重要秘诀。加强纪律建设，不论是对于坚定不移推进全面从严治党，还是着力防范化解重大风险等，都具有极其重要的意义。

（一）加强纪律建设是我们党应对新考验的必然要求

新时代新阶段，我们正行进在全面建成社会主义现代化强国的征程中，实现中华民族伟大复兴有了坚实的基础，全党和全国各族人民对于中国特色社会主义事业发展有了更为充分的自信。但同时我们也要清醒地看到，摆在我们面前的，并不是一条笔直平坦的大道，而是充满了各种风险和考验的征途。应对这些考验，化解这些风险，对党来讲是全方位的要求，其中加强党的纪律是这些要求中的重中之重。

首先，纪律是代表形象的。只有加强党的纪律建设，才能够保证党在广大群众中的良好形象，把广大群众真正团结凝聚在我们党的周围，形成克服各种困难、化解各种风险的坚实群众基础。革命战争年代，我们党并没有掌握国家政权，更没有掌握优势的经济资源，但我们党的组织，我们党所领导的军队，却能够得到广大人民群众的衷心拥护和支持，其重要原因就是我们党是具有严格纪律的政党，我们党领导下的人民军队是一支具有严格纪律的军队，如"三大纪律八项注意"就使广大人民群众看到了一支历史上从来没有过的人民军队的光辉形象。人民群众为这支军队抬担架、送军粮，深厚的军民鱼水之情，决定了这支军队无往而不胜。今天，面对前进道路上的各种风险和挑战，我们党的组织、我们党的干部、我们的党员队伍要团结广大人民群众实现我们的目标，同样需要有严格的纪律。

其次，党的力量来自组织，而组织都会强调内部纪律。加强纪律建设，就保证了党能够把各种无序的、分散的力量排列、组合、配置，成为一种有序的具有强大战斗力的整体力量，从而战胜各种困难，化解各种风险。可以说，纪律作为一种统一的强制性要求，保证了一支队伍在整体行动上的一致性，体现出强大的整体合力。如果没有严格的纪律，大家各行其是，那就会涣散无力。

最后，加强纪律建设，能够促进形成预防腐败的有效防线。在市场经济和改革开放条件下长期执政，对我们党来说是一大考验，对行使公权力的广大党员干部更是严峻考验。现实中,一些党员干部发生腐败行为,就是因为没能经受住这种考验。而观察这些腐败现象,我们也能够看到一种规律,那就是出现腐败问题的党员干部,都是从违反纪律开始走上歧途的。如果说他们有纪律意识,或者一开始违反纪律时就能够及时得到纠正,也就不至于走向犯罪的深渊。

(二)突出政治纪律在坚守纪律底线中的重要性

党的纪律,包含了对党员政治、组织、廉洁、工作、生活和处理党群关系等各方面的要求。在这些纪律要求中,政治纪律是党最根本、最重要的纪律,是维护党的团结统一的根本保证。党的十八大以来,以习近平同志为核心的党中央多次强调政治纪律和政治规矩的重要性,政治纪律被提升到前所未有的新高度。保证全党服从中央,维护党中央权威和集中统一领导,是党的政治建设的首要任务,是最根本的政治纪律和政治规矩。各级党组织和广大党员干部要始终同以习近平同志为核心的党中央保持高度一致,确保全党统一意志、统一行动、步调一致向前进。

严格的政治纪律能够产生强大的政治感召力。政治纪律,作为一种纪律约束,其内容具有鲜明的政治含义和政治取向。中国共产党的政治纪律,是对党员政治信仰、政治立场、政治态度等方面的要求,体现的是党的政治主张的一贯性,是党员政治忠诚的一贯性。作为政治组织,它的组织内部成员先要有对组织绝对忠诚、为组织使命献身的精神。在中国共产党领导的革命、建设和改革发展事业中,很多民主人士和党外群众,就是被共产党人为目标奋斗的坚强意志和牺牲精神所感动,为共产党人对自己组织无限忠诚的行为所感动,才紧紧围绕在中国共产党周围,甚至投入到中国共产党的伟大事业中,参加到中国共产党的队伍里。

严格的政治纪律，能够产生强大的政治感染力。政治纪律，作为一种政治上的要求，在组织内部会形成一种强大的场效应，使得加入这个组织的每一个人，都能清楚地感受到自己在政治上的责任和义务，感受到按照党的章程和各项党内法规要求严格自律的重要性。我们常把党的组织比作一个大熔炉，而能够使熔炉发挥作用的主要因素，就是政治纪律。政治纪律直接体现的是一种外在的强制性要求，但同时也是对党员政治觉悟和政治责任的要求，更多需要党员的自觉性。如果一个党员没有相应的政治觉悟，缺乏必要的政治责任，那就很难真正做到严格遵守政治纪律，甚至会出现心口不一、表里不一的情况，形成政治上的两面人。强化党员政治纪律，就要不断培养提高党员的整体政治素养，从而保证每一个党员在这样一个整体氛围中健康成长。

严格的政治纪律，能够产生强大的内部凝聚力。党的凝聚力，是党的战斗力的基础。党的规模和党员数量，是党强大与否的一个因素，但党员数量和党的战斗力并不必然成正比，如果只有数量而缺乏质量，或欠缺其他方面的条件，规模很大的政党也不会有强大战斗力。其中一个至关重要的条件是党在整体上的凝聚力。凝聚力来自人们对一种共同目标的真心认同，来自人们对共同组织的绝对忠诚。我们讲政治纪律，也要解决这一重要问题。只有广大党员具备了对党的组织及其担负的历史使命的绝对忠诚，党才能有真正的凝聚力，才能经得起各种大风大浪的考验。

（三）保证纪律的应有作用得到充分发挥

党的十八大以来，以习近平同志为核心的党中央把纪律建设摆在越来越重要的位置，各项纪律规定也不断得到健全和完善，如党中央两次修订《中国共产党纪律处分条例》，特别是党的十九大把纪律建设纳入党的建设总体布局。在坚持推进全面从严治党的过程中，如何更好地贯彻纪律建设要求，保证纪律的作用得到充分发挥，也是我们需要进一步解决好的重要问题。

充分发挥纪律的预防和警示作用。任何时候，制定纪律的重要意义在于预防。因为纪律明确告诉人们，哪些事是不能做的，哪些事做了是要受到惩罚的。纪律划出红线和底线、标出雷区，就是让大家不要逾越、不要去踩，这就是预防和警示。要使这种作用得到充分发挥，纪律教育尤为重要。通过教育，强化纪律意识和纪律观念，绷紧纪律之弦，形成对纪律应有的敬畏感。当然，仅有教育是不够的，如果我们对已经违反纪律的行为不能够执行纪律，那纪律就会流于形式。只有对已经违反了纪律的行为严格地执行纪律，才能保证纪律的严肃性和权威性，使更多的人不去违反纪律。

充分发挥纪律的约束和规范作用。纪律是一种约束和规范，党的各项纪律，就是对党员工作、生活各方面提出明确要求。纪律和自由是对立统一的辩证关系，凡是有明确的纪律规定的地方，自由就会受到相应的限制，但这种限制，又是为了保证其他方面获得更大和更必要的自由。党的纪律对各种有害于党的组织和党的事业健康发展的行为进行严格的约束和规范，如不许拉帮结派、不许任人唯亲、不许拉票贿选、不许泄露机密、不许侵害群众等，就是为了保证党内党外有一种健康的、公正的、清正的环境和风气。约束和规范越明确，执行越严格，越有利于保障党员各项正当权利和自由。

充分发挥纪律惩戒和纠错作用。给予违反纪律的行为以相应的纪律处分，保证制度的公平公正，能够起到激浊扬善、奖优罚劣的作用。事实上，也只有对错误给予处罚，才能引起犯错者的反思，才能使别人从中吸取教训。当然，这种处罚也需要有理有据，该罚则罚，并本着治病救人的态度，本着对组织和个人负责的态度，善意地帮助犯错者认识和改正错误，以达到党在思想、组织、作风等各方面更为纯洁的目的。

三、防止精神懈怠，守牢思想底线

新形势下党面临长期复杂严峻的考验，精神懈怠危险、能力不足危险、脱离群众危险、消极腐败危险更加尖锐地摆在全党面前。其中"精神懈怠危险"被放在了首位，可见其危害性非常之大。

（一）精神懈怠是无处不在、无时不有的危险

精神属于意识的范畴，不会如物质那样具体实在，人们无法通过器质性器官去感知它的存在，因此往往会对"精神懈怠"缺乏太多的关注和警觉。但在现实生活中，精神懈怠的现象以及由此导致的危险是随处可见的，它会像空气一样四塞充溢，像流水一样流向洼地，凡是不能成为昂扬锐气的精神高地，必将成为精神懈怠的凹陷之地。如办公室里一杯茶、一支烟、一张报纸看半天；工作稍微累了点，就上上网，打打牌，一玩起来没个完；热衷于迎来送往，觥筹交错，逃避工作的压力和紧张，如此等等，不一而足。长此以往，思想空虚，百无聊赖，患上"精神饥渴症"，缺乏精神寄托，完全丢掉了克服困难的勇气、革故鼎新的锐气、不断创新的朝气，滋生暮气、惰气，甚至产生邪气。

（二）精神懈怠是潜移默化不知不觉的危险

1945年，民主人士黄炎培在延安与毛泽东对话时，从我国近代以

前的历史演变中提出"历史周期率"的重大问题,指出:"大凡初时聚精会神,没有一事不用心,没有一个人不卖力,也许那时艰难困苦,只有从万死中觅取一生。继而环境渐渐好转了,精神也渐渐放下了"。今天听来仍然振聋发聩,引人深思。"精神懈怠"会让一个人成为"温水青蛙",在不知不觉中走向危险境地;"精神懈怠"会让一个组织缺乏凝聚力、吸引力和战斗力,给事业带来灭顶之灾。

经济学有一个边际效用递减规律,这一规律同样适用于日常的工作与学习。精神不仅是理想、是信念,也是力量、是魂魄。精神上的边际递减对于那些原本就意志消沉的人自不必多说,即使是对于那些最初踌躇满志的人,也会随着日复一日的热情消退与精力损耗,而最终认为既然已经流过汗、出过力了,就应该享享清福,从而在工作上得过且过、庸庸碌碌,当一天和尚撞一天钟,潜移默化中消减了干事创业、拼搏进取的劲头。

(三)精神懈怠是滋生蔓延相互传染的危险

精神萎靡不振,整天浑浑噩噩、暮气沉沉、疲疲沓沓、拖拖拉拉,缺乏敬业精神、丧失职业道德,这种现象是一种传染病,会相互影响、滋生蔓延。松散疲沓会影响到一个部门、一个单位的精神状态和工作效率,最终导致人与人之间、上下级之间、单位与单位之间的交叉感染。

精神懈怠还具有上行下效的"示范效应"。"楚王好细腰,宫中多饿死;吴王好佩剑,吴人多伤疤。"领导和上级的懈怠会直接影响到部属和下级。领导热衷应酬,沉湎于酒精的麻醉,不想学习,不思进取,难免使整个单位陷入"平平安安占位子,忙忙碌碌装样子,疲疲沓沓混日子"的状态。

(四)精神懈怠是一发不可收的危险

观念的力量在早期是潜伏的,但在某个时候却起决定性的作用。精神从懈怠到不断丧失,危险也就越来越大。回想当年清军入关之初,八旗兵所向披靡,战无不胜,但后来的八旗子弟提笼架鸟,腐化堕落,完全没有了先辈们的精气神,在侵略者面前不堪一击,最终使中国沦为半封建半殖民地的深渊,教训何其深刻!

精神和理想、意志、信仰、信念紧密相连,党员干部一旦存在精神懈怠,甚至颓废的现象,必然导致理想滑坡、意志淡薄、信仰缺失、信念动摇,"为党为祖国为人民"就会成为一句空话。

精神懈怠危险还是其他各种危险之源。如能力不足、脱离群众、消极腐败等危险,无不是从精神懈怠开始生根发芽的。党员干部如果缺乏精神的支撑,没有明确的目标作指引,就很难全身心地对党的事业付诸热情和投注精力。长此下去,必然导致能力素质下降,与群众不断疏远,最终造成腐化堕落、蜕化变质。

(五)通过不断学习来克服精神上的自我放松

积极向上的精神状态既不是凭空产生的,也不是喊几句口号就能养成的,只可能来源于坚持不懈地勤奋学习。因为学习不仅是一个人得以提高自身知识水平与工作能力的重要渠道,也是提升精神境界的重要途径。党员干部唯有将终身学习当成一种融入思想的理念,当成一种融入工作的动力,才能真正学会学习、善于学习、坚持学习。

据研究,人的大脑无论怎样使用,终其一生也不过使用或开发其中非常有限的一部分而已。所以,学习的大门开启之后将有取之不尽用之不竭的知识宝藏等着我们去探索与发掘。在这条"探宝"之路上,

第二讲 严守政治纪律底线 防范精神懈怠危险

没有鲜花美酒,也没有香阁温床,更多的是与书为伴、灯下苦思的紧锁眉头。然而,只要有了担起学习之任的勇气,就能把学习当成一种自觉追求、一种生活方式,使大脑变得聪慧,以知识积累和文化积淀陶冶情操、振奋精神,把学习的成效转化为坚定的理想信念,转化为科学的工作思路,转化为战胜困难的能力素质,真正做到学以立德、学以增智、学以创业。

(六)通过自我加压让自己处于永不停止的精神状态

"天下稍安,尤须兢慎,若便骄逸,必致丧败"。在成绩和掌声面前,能否树立忧患意识,是对一个人、一个集体进步与否最好的评判。在世情、国情、党情发生深刻变化的新形势下,在改革发展面临更为艰巨繁重的攻坚新挑战时,在可以预见和难以预见的各种新情况新问题面前,广大党员干部要务必提高精气神,容不得丝毫懈怠。

20世纪50年代初的抗美援朝期间,某师为了完成上级赋予的任务,一夜急行军,在冰天雪地里翻山越岭行走了140华里,最终以比敌人先到五分钟的优势抢占了制高点,完成了对美军的合围之势。在这场极为悬殊的战争中,毛泽东同志的评价是美军"钢多气少",我军"钢少气多"。这种"气"就源于对党和国家的深深忧患和强烈的主人翁责任意识。在新的历史条件下,广大党员干部更要始终保持清醒的头脑,以孜孜不倦、勇往直前的精神,吃得了苦、耐得住寂寞,在任何时候、任何地方都保持饱满昂扬的精神状态,敢于面对各种困难和矛盾,以勇做先锋、勇于担当、甘于奉献的精神激发创新发展的活力,不仅成就一番事业,也成就壮丽多彩的人生。

(七)通过优化制度机制对全体党员形成持久的鞭策激励

制度的作用已经受到了越来越高的重视。好的制度可以让一个坏人做好事，坏的制度却会让一个好人做坏事。因此，必须通过不断优化完善的制度机制，形成对全体党员持续不断的鞭策与激励。特别是要制定切实有效的选人用人机制，感召、培养和造就人才，真正形成一种靠素质立身的用人导向，使那些得到群众公认、工作实绩突出的干部得到提拔和晋升，使那些缺乏进取心、不履行或不正确履行职责的干部受到问责和追究。使广大党员干部牢固树立"制度面前没有特权、制度约束没有例外"的观念，自觉做制度机制的执行者和维护者，变外在的他律为内在的自律，自我规范、自我约束，躬身践行、磨炼砥砺，在制度的鞭策激励中培养打不垮、压不瘪的精神气质。

学习与思考

1. 党员干部为什么要守牢政治底线？怎样守牢政治底线？
2. 党员干部为什么要守牢纪律底线？怎样守牢纪律底线？
3. 党员干部为什么要守牢思想底线？怎样守牢思想底线？

第三讲　坚守依法用权底线 维护国家法律尊严

世上万事万物都遵循着"无规矩不成方圆"的规律，同样，任何公权力的运行也都不能脱离法律的制约。"奉法者强，则国强；奉法者弱，则国弱"，依法治国是中国特色社会主义民主政治的关键，党员干部作为党执政的骨干力量和中坚力量，当时刻绷紧"依法用权"这根弦，带头学法、尊法、守法、用法，以自己的模范行动，带动全社会树立法治信仰，守住依法用权底线，维护国家法律尊严。

一、依法治权是马克思主义权力观的基本要求

党的十八大以来，以习近平同志为核心的党中央紧紧围绕从严治党，对加强党内监督特别是加强对权力的监督制约进行了全面的战略部署和科学的制度安排。习近平总书记关于加强对权力运行的制约和监督、把权力关进制度的笼子里的系列论述，体现了马克思主义权力观对依法治权的基本要求，是对马克思主义基本原理的创造性运用和对管党治党基本规律的科学把握。

（一）依法治权是权为民所用的前提和保障

权力观是人们对权力的性质、权力的来源、权力的价值取向、权

力的运行和监督等基本问题的认识和态度。不同的阶级和阶层、不同的政党,权力观往往有明显差别。马克思主义权力观的核心是权为民所赋、权为民所用。

权为民所用是权为民所赋的必然要求。一切公共权力来源于人民群众,一切权力属于人民群众,行使权力必须遵循全心全意为人民服务的宗旨,将人民群众的利益放在最高位置,以公平正义和人民群众满意作为根本标准。

权为民所赋、权为民所用,就必须依法用权,让权力在阳光下运行。广大党员干部要时刻记住:有权必有责,权力的拥有者必须对权力的赋予者负责。因为人民群众在赋予我们党掌握政权的同时,也同时对党寄托了执政为民的重任。共产党员除了人民的利益,没有自己的特殊利益。严格按照党章党规正确行使权力,是党员干部义不容辞的职责。为此,必须做到公道正派、公平公正、客观公允,做到珍惜使命、不负重任、廉洁用权,把人民群众对美好生活的向往作为行使权力的目标和追求,真正让权力造福于民。

(二)依法治权是依法治国的题中应有之义

权力是具有自我扩张性的支配他人的力量,一旦其自我扩张超出法律边界就极有可能损害人民群众的权利。因此,现代法治的实质是治权,依法治国最重要的是依法治权,明确宣示任何权力都必须来自法律明确授权。限制权力扩张,防止权力滥用,这也是国家治理体系现代化的关键。

依法治权就是要把权力关进制度的笼子里,确保各级领导干部任何时候都严以用权,任何时候都坚持为民用权,不搞特殊、不以权谋私,严格按照规章制度和法律法规行使权力。因为权力失范是影响公平正义的重要因素,只有依法规范权力运行,对越权行为零容忍,才能使权力真正受到法律规范的有效约束,将权力使用和运行纳入法治轨道。

依法行使权力是治国理政的主要方式,权为民所用是中国共产党人的执政追求。习近平总书记强调:"各级领导干部要带头依法办事,带头遵守法律,牢固确立法律红线不能触碰、法律底线不能逾越的观念,不要去行使依法不该由自己行使的权力,更不能以言代法、以权压法、徇私枉法。"[①] 这一论述体现了马克思主义权力观,是依法执政境界的新提升,是法治中国建设的新开拓,也是坚决维护最广大人民根本利益的政治宣示,对于政治文明建设和依法治国方略的实施具有重大而深远的意义。

要做到依法用权,就必须树立起法治思维,把握好权力边界,善于依法解决和处理各种问题。党员干部在行使权力、为民服务的过程中,应始终坚持依法决策、依法办事,自觉运用法治方式处理改革发展中遇到的各种矛盾和问题。

(三)依法治权是防止权力异化的内在要求

政治权力所要解决的是公共性问题,因而必然表现为一种公共权力,但这种公共性的政治权力在现实中却只能由单独的个人来掌握和行使,这就导致了权力本质的公共性与权力运行的私人性之间的矛盾。权力自身所具有的两重性,使得权力运行过程存在不确定性和不可靠性。为此,我们必须坚持马克思主义权力观,必须破解权力自身存在的这一内在矛盾,防止权力异化导致权力运行的私人性对权力本质的

---

① 习近平:《任何组织个人都没有超越宪法和法律的特权》,人民网—中国共产党新闻网 2015 年 7 月 31 日。

公共性的侵害，通过加强对掌握权力者的负责任的、切实的教育和监督，防止他们为所欲为。

恩格斯指出，要防范公职人员由社会公仆变为社会主人，除了时刻的监督以外还要建立明确的法律及相应的规章制度。这就是说，要以法律条文的形式明确公职人员的职权范围，规范公职人员行使权力的行为，预防和制止公职人员越权行事，搞特殊化和特权化。

在西方政治理论发展过程中，一些思想家为了防止权力运行的私人性对权力本质公共性的侵害，曾提出了社会契约论和主权在民思想，并据此发展出各种各样的政治体制，但这些理论和做法仍然没有解决权力运行过程中的诸多问题和弊端。在中国，执政党坚持权为民所赋、权为民所用的权力观，公共权力重新回归社会才真正成为可能。但受封建思想和其他腐朽思想影响，以言代法、以权代法和官本位在我国政治生态中还不同程度存在，只有全面贯彻落实党的十八大以来依法治国、依法治权的战略部署和制度安排，将权力关进制度的笼子里，确保任何组织和个人都不得有超越宪法和法律的特权，一切违反宪法和法律的行为都必须受到追究，才能真正实现马克思主义权力观所要求的公开透明、公平公正行使权力，真正做到权力的行使完全体现人民群众的意志。

二、依法用权是党员干部必须坚守的基本底线

依法用权，就是要求党员干部在用权过程中突出公道正派这个关键，按规则、按制度、按法律行使权力，牢牢把握为政处事的基本底线。

第三讲　坚守依法用权底线　维护国家法律尊严

（一）坚决把好依法用权关口

一是切实把好用权"思想关"，始终坚持正确对待权力。要牢固树立权为民赋、权为民用、利为民谋的权力观，真正为群众掌好权、用好权。注重反躬自省，坚持自重、自省、自警、自励，加强修养、陶冶情操，保持自觉抵制官僚主义的定力；注重见贤思齐，不断自我净化、自我完善、自我革新、自我提高，树立和维护党员干部的良好形象。要充分认识到依法用权是对党忠诚的根本要求，坚持以反面典型为镜，常修为政之德、常怀律己之心、常弃非分之想，时时自重自警，处处慎欲慎微，守住党员干部为政做人的底线。要充分认识到依法用权是廉洁干净的核心要义，坚持把依法用权摆在关键位置，始终敬畏权力、管好权力、慎用权力，最大限度保证权力正确行使。要充分认识到依法用权是为民惠民的基本保障，坚持心中有民、公权为民、发展惠民，以党员干部"辛苦指数"换取人民群众"幸福指数"，创造出经得起历史、实践、群众检验的成绩。

二是切实把好依法用权"方法关"，始终坚持规范行使权力。始终以宪法和法律为行为准则，依法依规行使权力、处理事务。坚持公正公平、实事求是，切实做到公正不护短，公平不倾斜，以公正律己，以公平服人。

三是切实把好用权"监督关"，始终坚持自觉制约权力。党员干部要自觉接受群众监督，对群众的合理化建议，尽快采纳转化为工作措施；对群众的批评意见，第一时间整改到位。自觉坚持民主决策，贯彻落实民主集中制，对重大决策、重大事项，全部进行集体讨论，使决策达成共识、体现群众意愿。自觉强化制度约束，严格执行重要事项报告、述职述廉等监督制度，认真开展批评与自我批评，确保权力规范、公开、有序运行。

(二) 时刻绷紧依法用权这根弦

时刻绷紧依法用权这根弦,就必须在学法上全面深入,做到无一时不学、无一事不学、无一处不学。法律知识变化快、数量多、专业性强,党员干部必须克服"学法没什么用""工作太忙没空学""干好本职工作就行"等错误思想,利用一切机会学习法律知识,提高自身法律意识,力争成为一名法治型领导。

时刻绷紧依法用权这根弦,就必须树立对法律的敬畏之心,并将对法律的敬畏内化于心、外化于行。从近年来媒体曝光的一系列违法违纪案件来看,少数党员干部正是由于缺乏对法律应有的敬畏与尊重,视法律为儿戏,才导致其最终走上违法犯罪的道路,最后悔之晚矣。

时刻绷紧依法用权这根弦,就必须严格自律,自觉守法,将自己的一言一行置于法律的框架之内。有一则寓言故事,讲的是玻璃总是抱怨窗框对自己的限制,想要摆脱这种束缚,一天,窗框终于发怒,"松开"了玻璃,而玻璃却在获得自由的一瞬间摔得粉身碎骨。这告诉我们,法治表面上是对权力的束缚与制约,然而实际上却是最好的保护。法律既是框架,更是支撑,任何超越框架的行为都会由于失去支撑而破碎。因此,党员干部必须带头守法,依法用权,明白什么事能做,什么事坚决不能做,才能避免走上犯罪的道路。

时刻绷紧依法用权这根弦,就必须身体力行,学以致用,习惯运用法律手段解决所遇到的新情况、新问题。古人云:"一语不能践,万卷徒空虚。"学习法律的目的在于应用,也在于指导实践,作为党员干部,学法、尊法、守法是基础,善于用法才是关键。这就要求党员干部在想问题、办事情、做决策时,必须时刻运用法治思维,具体来说,就是要保证办事依法、遇事找法、解决问题用法、化解矛盾靠法，在法治实践中形成依法思考、依法决策的习惯，自觉维护法律体制和法治权威。

新时代，一名党员干部如果没有法律意识、不具备法治能力或者不能坚持依法用权，那么必然是一名不称职的干部，更是一名不合格的党员。因此，身为党员干部，唯有顺应时代要求，自觉学法、尊法、守法、用法，时刻绷紧"依法用权"这根弦，才能汇聚起建设法治中国的强大力量。

（三）守牢谨慎用权"底线"

绝对的权力导致绝对的腐败，不受监督的权力是极其危险的，这是一条铁律。现实中从"看片人"沦为"片中人"的并非个例。一些党员干部本该在工程建设、政府采购、招投标代理等重要岗位发挥作用，却在贪欲面前迷失自己。有的利用职权或职务影响对企业和群众"吃拿卡要"、以权谋私；有的滥用职权，违规干预和插手企业正常生产经营活动；有的在承接政府外包服务过程中，当"黑中介"谋取私利等。究其一点，就是未能守好谨慎用权的"底线"。

何谓"底线"？就性格而言，是人对任何事情的最大容忍度；就运动而言，是在进攻和防守中裁判可以容忍你继续比赛的最大程度；就党员干部而言，无疑是光明到黑暗的临界点和分水岭。"底线"更是考验每位党员干部如何做人、干事、为官的人生必答题。作为党员干部，一旦指针偏离，随时都可能陷入"人见利而不见害，鱼见食而不见钩"的陷阱，随时都可能被糖衣裹着的炮弹击倒，丧失起码的清醒和自律，一失足成为千古恨。

"君子有所为，有所不为。"作为一个生活在社会大家庭的一员，什么事情可为,什么事情不可为,那是一个人的最基本底线。作为一名党员干部,坚守底线、坚持底线思维更应当成为想问题、作决策、办事情、谋发展的重要遵循和基本准则。

"权力是把双刃剑"。秉公用权,可以造福人民;以权谋私,就会祸国殃民。事实上,无论是针对一些"潜规则"和"行业乱象",坚持用同职级干部、同环境成长的干部的反面案例开展警示教育,通过"反面活教材",还原"事发现场",划出纪律红线,还是对典型案件表现形式、问题产生的根源等进行分析,提出纪律要求,达到查处一案、警示一批、教育一片的效果,都需要通过规范监督制度、加强党内监督,让党员干部敬畏权力,不越警戒线,着力构建不敢腐、不能腐、不想腐的体制机制。

"信之于法,为政之纲"。党员干部要守好谨慎用权的"底线",确保用权谨慎、头脑清醒、按律而行、遵章办事,不越位、不错位、不缺位,做到一身正气、一尘不染,以优秀的品格、高尚的行动、良好的形象,守住党和人民交给自己的政治责任,守住自己的政治生命线。

三、坚决把权力关进制度的笼子里

权力始终是一把"双刃剑",要把权力关进制度的笼子里,就必须及时揭露腐败行为,坚决查处腐败案件;就必须在容易产生滥用权力的领域、环节和部位,建立有针对性的权力制约机制,防范腐败的发展蔓延;就必须提高权力运行的透明度,让权力在"阳光"下运行;就必须依靠法治制约权力,使国家机构和公务人员按照法定权限和程序行使权力,确保权力在"刚性"的制度笼子里运行,有效防止腐败。

习近平总书记指出:"要加强对权力运行的制约和监督,把权力关进制度的笼子里,形成不敢腐的惩戒机制、不能腐的防范机制、不易腐的保障机制。各级领导干部都要牢记,任何人都没有法律之外的绝对权力,任何人行使权力都必须为人民服务、对人民负责并自觉接受人民监督。"① 这一重要论述,为反腐倡廉指明了方向。

为什么治理腐败要靠对权力监督制约?从人类历史看,权力始终是一把"双刃剑",既可以用来为人民谋利益,也可能被滥用来谋取私利,滋生腐败。列宁说过:"不受制约的权力,必然导致不受节制的堕落。"古今中外的历史也反复表明,权力一旦失去制约和监督,腐败就会随之产生。从我国情况看,在体制转轨时期,腐败现象在一些领域易发多发,在有些领域还十分严重,原因是多方面的,归结到根本,与权力行使没有得到有效的监督制约直接相关。要把权力关进制度的笼子里,确保权力正确行使,不被滥用,就必须抓紧建设不敢腐的惩戒机制、不能腐的防范机制和不易腐的保障机制,提高权力监督制约的有效性。

(一) 及时有效地揭露腐败行为

腐败是一种滥用权力谋取私利的现象。腐败心理研究表明,潜在的滥用权力者通常会在收益与风险间进行权衡,如果腐败行为得不到及时的揭露和严厉的处罚、腐败获得的好处大于被查处的后果,就容易铤而走险。因此,及时揭露腐败行为,坚决查处腐败案件,不仅可使腐败行为受到应有惩处,而且可起到威慑作用。处罚一个警示一片,可使权力行使者因畏惧受到揭露和处罚而不敢腐。

及时揭露腐败行为,需要加强对权力运行的法律、民主、社会、

---

① 习近平:《科学有效防治腐败 坚定不移把反腐倡廉建设引向深入》,《人民日报》2013年1月23日。

舆论等体制内外监督，健全举报、信访、质询、听证、监察、审计等制度。要通过制度设计，保障人民群众的知情权、参与权和监督权，根据群众检举的线索发现腐败行为，为此还应抓紧完善举报人和证人的保护制度，因为目前的制度规定在设计和执行上还存有过多的漏洞和缺陷，致使举报人和证人屡受打击报复的事例一再上演。要充分发挥舆论媒体在揭露腐败中的作用，特别要健全网络举报受理制度，发挥"网络反腐"的"秒杀"优势。我们常常看到，一些高官、实权人物滥用权力，不怕知情者上告，不怕权力机构查处，却怕公开曝光，这充分显示了舆论的巨大威力。同时，还要进一步发挥好纪检监察、审计、司法等权威机构的优势，加大检查监督力度，及时揭露滥用权力的腐败活动。

有效处罚腐败行为，必须坚持党纪国法面前没有例外，"老虎苍蝇"一起打，既坚决查处领导干部违纪违法案件，又切实解决发生在群众身边的不正之风和腐败问题。党的十八大以来，反腐败有了新部署，有多名涉腐官员受到及时坚决的查处，查处力度和速度大幅提升，起到了明显警示作用。同时，也折射出一些地方存在揭露与处罚脱节的情况，比如，有的腐败行为被举报、曝光、揭露，却没有得到及时查处、受到应有惩罚，有的执法偏软、压案不办、瞒案不报、内部消化，有的举报在权力部门之间转来转去，甚至七转八转被转到被告的手中，最终不了了之，干部群众对此十分痛恨。因此，提高处罚腐败的有效性，需要进一步加大对查办机构的支持，增强专项监督的独立性，健全对相关机构的内外问责机制。

（二）加强权力制衡

权力具有扩张性、支配性、腐蚀性的一面，一旦失去制约就可能滋生腐败。过去的事实充分证明，哪里的权力失去制约，哪里就可能出现腐败。20世纪80年代，腐败多发生在商品流通、土地开发、建筑工程、工商税务、机关经商办企业等领域；到90年代，腐败发展到行政审批、招标投标、土地出让、金融证券、财政资金、国企改制等领域；进入21世纪，腐败延伸到公共服务项目、政府采购、干部人事、司法等新的领域。要遏制不同领域的腐败，就必须在容易产生滥用权力的领域、环节和部位，建立有针对性的权力制约机制，防范腐败的发展蔓延。

一要合理界定公权力行使的边界。在体制转轨时期，行政、企业、市场等行为往往混淆不清，权力对微观经济的过多干预，使某些官员有了牟取私利的机会。因此，合理界定公权力行使的边界，减少对微观经济的干预，压缩权力配置资源，将有助于从源头上铲除腐败的机会和条件。

二要对过于集中的权力进行制衡。腐败发生的一个重要条件，就是一些权力过于集中，不容易关进制度的"笼子"。解决的办法，就是对重要部位和环节的权力进行分解，如决策权、执行权和监督权既相互分离又相互制约，以权制权，形成制衡机制。近年来，执法领域建立收支分开、收缴分离的制衡机制，就对治理"三乱"等问题起到明显效果。对于"一把手"权力超载现象，要通过合理配置权力、严格民主决策程序等途径加强制衡，例如，对工程项目、大额资金、干部任免、改革政策等重大事项，要坚持集体议决制度，防止个人说了算，以民主制约专断，以程序制约擅权。

三要加强对财政资金使用权力的制衡。过去一段时间，一些部门和人员违纪违规使用财政资金的现象比较突出，比如挥霍浪费、挤占挪用问题，私设"小金库"、坐收坐支问题，公款消费、奢侈享受问题等，比比皆是，极易产生不正之风乃至腐败。因此，必须加强对随意支配财政资金权力的监督制约，包括实施部门预算改革和国库集中收付制度；健全统一透明的预算控制制度，将预算外资金全部纳入预算管理，接受人大、审计和社会的监督；严格财务预算支出管理制度，统一财务支出标准和福利津贴标准，消除隐性收入和灰色收入。

（三）提高权力运行的透明度

提高权力运行的透明度，让权力在"阳光"下运行，接受人民监督，是一剂有效的"防腐剂"。这是因为，在众目睽睽之下，掌权者自然要自我约束，慎重行使权力，如有滥用权力行为也容易被发现，通过"暗箱操作"来谋取私利的腐败活动就很难得逞。我们保障了社会公众的知情权和监督权，本身就等于扩大了监督主体和力量，这样就可依靠社会公众的力量来监督权力，改变仅仅靠反腐机构来监督权力的格局，形成多数人监督少数人的机制。所以，"透明"是腐败的天敌，透明度越高，治理腐败成效也越大。

近年来，我国权力运行的透明度有了显著提高，但也存在着随意性大、参差不齐、缺乏制度保障等问题。进一步增强透明度，要按"公开是原则、不公开是例外"的要求，作出制度安排，健全信息公开制度、公开听证制度、说明理由制度、公示制度、新闻发布制度等，以及公共服务事项、政府采购、招标投标、收费罚款等社会普遍关注的事项，都应予以全部公开。

要增强透明度，就必须充分发挥新闻媒体的作用。因为新闻媒体既是公众获取政务信息的主渠道，也是舆论监督的重要载体。

要完善公职人员财产申报制度，如探索一定区域主要官员或新任主要官员的家庭财产申报公示制度，为政治廉洁、防治腐败提供有效的制度保障。

要抓紧制定政务公开的国家法律,明确公开的范围、标准、限制、方式、时限等内容,为增强透明度提供法律保障。

(四) 依靠法治制约权力

依靠法治制约权力,可使国家机构和公务人员按照法定权限和程序行使权力,一旦出现滥用权力的腐败行为,就可依靠法律手段加以有效的终止、纠正和制裁,这样的权力制约机制,将大大增强权力行使的规范性和不可违反性,使权力制约获得现实的力量源泉,确保权力在"刚性"的制度笼子里运行,有效防止腐败。

以法治思维和方式防止腐败,将权力纳入法治轨道运行。一要权力法定。对国家机构权力的授予、形成和范围作出实体规定,使国家机构和人员依照法定权限行使权力,不得逾越,否则就是无效权力。二要程序法定。应当抓紧制定统一适用的行政程序法,以保证权力依照法定程序运行,一旦违反法定程序,有关监督机构就可裁定其行为违法,并使违法者承担相应的法律后果。三要监督法定。对各种腐败行为的内容、认定、处罚等,尽可能地以法律形式予以明确,以便于依法监督和查处。四要坚持违法必究、执法必严,在法律面前无例外。

学习与思考

1. 为什么说"依法治权是马克思主义权力观的基本要求"?
2. "守住依法用权底线"要求党员干部着重做好哪些工作?
3. 如何理解"要把权力关进制度的笼子里"?
4. 结合工作实际谈谈依法用权的重要性。

第四讲　坚持"以人民为中心"底线夯实党的执政根基

习近平总书记强调:"中国共产党根基在人民、血脉在人民。党团结带领人民进行革命、建设、改革,根本目的就是为了让人民过上好日子,无论面临多大挑战和压力,无论付出多大牺牲和代价,这一点都始终不渝、毫不动摇"①。始终把人民放在心中最高位置,不断满足人民美好生活新期待,是我们党的利益之所在、使命之所在、价值之所在、生命之所在。

一、为什么人的问题是一个根本的原则的问题

为什么人的问题,是一个根本性的、原则性的问题。搞不清楚这个问题,就谈不上是共产党人,就谈不上是马克思主义者。

我们党来自人民、植根人民、服务人民,除了工人阶级和最广大人民群众的利益,没有脱离于群众之外的特殊利益。所有党员都没有超越于群众之上的特殊地位。党不允许任何党员脱离群众,凌驾于群众之上。习近平总书记强调:"为人民谋幸福,是中国共产党人的初

---

① 《习近平在参加内蒙古代表团审议时强调:坚持人民至上　不断造福人民　把以人民为中心的发展思想落实到各项决策部署和实际工作之中》,《人民日报》2020年5月23日。

第四讲　坚持"以人民为中心"底线　夯实党的执政根基

心。我们要时刻不忘这个初心，永远把人民对美好生活的向往作为奋斗目标。"①坚持一切为了人民，带领全国人民不断创造美好生活，生动诠释了中国共产党人的根本立场，生动诠释了全心全意为人民服务的根本宗旨，生动诠释了新时代中国特色社会主义的根本追求。在革命、建设和改革的不同历史时期，我们党始终把人民放在心中最高位置，始终全心全意为人民服务，始终为人民利益和幸福而努力工作。我们党所制定的路线、方针、政策都充分体现了最广大人民的根本利益。可以说，一部中国共产党的历史，就是一部为了人民、依靠人民的历史，就是一部服务人民、以人民为中心的历史，就是一部全心全意为人民服务的历史。

把人民放在心中最高位置，核心是站稳人民立场。人民立场是马克思主义的根本立场，是马克思主义政党区别于其他政党的显著标志。坚持人民立场，代表人民利益，站在人民一边，全心全意为人民，是中国共产党一以贯之的根本政治立场。立场问题不是虚幻的，而是客观存在着的。在资本主义社会，资本是真正的主人，资本逻辑是社会的主导逻辑，权力受命于资本、受制于资本，也服务于资本，这就决定了资产阶级政党除了代表资本的利益，没有别的选择。在中国，人民是真正的主人，代表人民利益是中国共产党的最高利益所在，始终站在人民一边是中国共产党的崇高使命所系。在极少数人和绝大多数人的利益拉锯中，在资本逻辑和人民逻辑的利益博弈中，中国共产党人应该有自己的坚守和定力，自觉选择站在最大多数人的一边，自觉站在人民立场上想问题、作决策、做事情、干事业，做人民利益的忠实代表者。离开了这一条，就从根本上离开了马克思主义；背叛了这一条，也就从根本上背叛了共产党人的事业。

---

① 《习近平在党的十九届一中全会上的讲话》（2017年10月25日），《求是》2018年第1期。

党的十八大以来，习近平总书记秉持以人民为中心的根本立场，就增进人民美好生活、保障和改善民生作出一系列重要论述。比如，阐述中华民族伟大复兴的中国梦，强调"中国梦归根到底是人民的梦"①；精准扶贫精准脱贫，强调"决不能落下一个贫困地区、一个贫困群众"②；全面建成小康社会，强调"小康不小康，关键看老乡"③"小康路上一个都不能掉队"④；全面深化改革，强调"紧紧依靠人民推动改革"⑤"改革发展成果更多更公平惠及全体人民"⑥；全面依法治国，强调"努力让人民群众在每一个司法案件中都能感受到公平正义"⑦；全面从严治党，强调关键问题是"保持党同人民群众的血肉联系"⑧……近年来，经济下行压力下各项民生指标逆势上扬，改革发展成果更多更公平惠及全体人民，不断增强着人民群众的获得感、幸福感、安全感。这印证了满足人民美好生活期待"没有终点站，只有连续不断的新起点"⑨的理念，兑现了我们党"在经济社会不断发展的基础上，朝着共同富裕方向稳步前进"⑩的坚定承诺，彰显了"让老百姓过上好日子"⑪的价值追求。

---

① 习近平：《始终与人民心连心、同呼吸、共命运》，人民网—中国共产党新闻网2015年8月13日。
② 习近平：《在全国脱贫攻坚总结表彰大会上的讲话》，《人民日报》2021年2月26日。
③ 习近平：《在全国脱贫攻坚总结表彰大会上的讲话》，《人民日报》2021年2月26日。
④ 《国家主席习近平发表二〇一七年新年贺词》，《人民日报》2017年1月1日。
⑤ 习近平：《坚持历史唯物主义不断开辟当代中国马克思主义发展新境界》，《求是》2020年第2期。
⑥ 习近平：《在党史学习教育动员大会上的讲话》（2021年2月20日），《求是》2021年第7期。
⑦ 习近平：《努力让人民在每一个司法案件中都能感受到公平正义》，《人民日报》2013年1月8日。
⑧ 习近平：《在全国抗击新冠肺炎疫情表彰大会上的讲话》（2020年9月8日），《求是》2020年第20期。
⑨ 《习近平在天津考察时强调：稳中求进推动经济发展 持续努力保障改善民生》，《人民日报》2013年5月16日。
⑩ 习近平：《保障和改善民生没有终点，只有连续不断的新起点》，人民网—中国共产党新闻网2016年11月29日。
⑪ 习近平：《确保零就业家庭动态"清零"》，人民网—中国共产党新闻网2018年2月2日。

二、以人民为中心绝不是抽象空洞的口号

把人民放在心中最高位置,满足人民美好生活需要,不是抽象空洞的口号,而是实实在在的行动。

实践观点是马克思主义哲学首要的基本的观点,崇尚实干是共产党人的重要品质。空谈误国,实干兴邦。社会主义是干出来的,中国特色社会主义新时代是干出来的,世界上的一切事情都是干出来的。把人民放在心中最高位置,解决好人民最关心最直接最现实的利益问题,满足人们美好生活新期待,只能立足于干。不干,半点马克思主义都没有;不脚踏实地、老老实实干,半点希望都没有。当前,满足人民美好生活期待,要抓住人民最关心的事,要抓住最需要关心的人群,一件事情接着一件事情办、一年接着一年干,务求实效,不贪虚功,锲而不舍向前走。

党的十八大以来,以习近平同志为核心的党中央始终秉持以人民为中心的思想,以造福人民为最大政绩,从群众最关心的问题入手,把民生疾苦放在心头,把改革发展责任扛在肩上,一大批惠民举措落地实施,推动发展成果更多更公平惠及全体人民,在更高水平上不断满足人民群众日益增长的美好生活需要。

任何时代,人民关注的利益问题往往是多方面的,这些问题有轻有重,有缓有急,不能眉毛胡子一把抓,必须牵住牛鼻子,坚持整体推进和重点突破相结合。当前,要切实解决人民群众最关心最直接最现实的利益问题,重点要做好以下工作:

一是努力办好人民满意的教育。教育是民族振兴和社会进步的基石,事关国家未来。要落实立德树人根本任务,培养德智体美劳全面

发展的社会主义建设者和接班人，为经济社会发展提供强大人才保障和智力支持。

二是精准发力抓好就业工作。就业是民生之本。要坚持就业优先战略，实施更加积极的就业政策，创造更多就业岗位，着力解决结构性就业矛盾，鼓励以创业带就业，实现比较充分的、高质量的就业。

三是促进收入分配更合理、更有序。收入分配是民生之源，是改善民生、实现发展成果由人民共享最重要最直接的方式。

四是建立健全更加公平、更可持续的社会保障制度。社会保障发挥着社会稳定器作用。要实施全民参保计划，强化政策衔接，完善城镇职工基本养老、城乡居民基本养老，夯实城镇基本医疗、失业、工伤、生育等保险制度，健全社会救助体系，提高社会福利水平。

五是提高全民健康水平。没有全民健康，就没有全面小康。要把维护人民健康权益放在重要位置，推进健康中国建设。这次抗击新冠肺炎疫情，充分体现了党中央敬畏生命、生命至上、人命关天的理念。

六是兜牢民生底线。底线是不可逾越的警戒线、是事物质变的临界点。就民生工作而言，底线是老百姓的生命线、安全性、希望线，是退无可退、必须捍卫的边界线。底线思维就是要敬畏底线，守住底线。坚持社会政策要托底，要按照人人参与、人人尽力、人人享有的要求，着力保障基本民生，不断提升人民群众的获得感、幸福感、安全感，决不可虎头蛇尾、半途而废。

三、以人民为中心来不得半点形式主义

把人民放在心中最高位置，满足人民美好生活新期待，不能搞花架子，来不得半点形式主义。

第四讲　坚持"以人民为中心"底线　夯实党的执政根基

形式主义背离人民中心立场，危害人民根本利益，同我们党的性质宗旨和优良作风格格不入，是党和人民的大敌。我们党历来反对形式主义。毛泽东同志就明确指出："形式主义是一种幼稚的、低级的、不动脑子的东西"。在反腐败斗争取得压倒性胜利的当前，形式主义已经成为党内存在的突出矛盾和问题，成为阻碍党的路线方针政策和党中央重大决策部署贯彻落实的大敌。党的十八大以来，习近平总书记就加强党的作风建设，力戒形式主义、官僚主义作出一系列重要指示，以自我革命精神破解形式主义之弊。

形式主义是作风问题，更是政治问题。无论何种形式主义，都是违背事物发展规律的，都会给党和人民的事业造成严重损失。形式主义不仅贻误工作、劳民伤财，甚至可能致使党和国家利益、人民群众生命财产安全遭受重大损失，比如近年来查处的重大安全生产事故、重大环境污染事故、重大食品安全事故、重大社会治安事件、重大违法用地事件、重大生态破坏事件、重大群体性事件等，背后往往隐藏着党员干部不担当、不作为、不负责等形式主义问题，有些事故看似天灾，实为人祸。其结果必将严重损害广大人民根本利益，严重损害党群干群关系，严重损害党的形象与公信力，严重侵蚀党的执政根基。

形式主义是一个顽症，其积弊非一日之寒，根除也非一日之功。要针对形式主义具有的顽固性、反复性、多样性、变异性，采取紧盯老问题和新表现的办法，通过全面检视、靶向治疗，来加强源头治理和制度建设，进一步把广大基层干部干事创业的手脚从形式主义的束缚中解脱出来。要组织引导广大党员干部深入学懂弄通做实习近平新时代中国特色社会主义思想，教育引导党员干部牢固树立正确政绩观，始终牢记人民利益高于一切，切实把对上负责与对下负责统一起来，决不做自以为领导满意却让群众失望的蠢事。要从讲政治高度整治形式主义,深化治理那些贯彻党中央决策部署只表态不落实、维护群众利益不担当不作为,特别是漠视人民群众生命安全和身体健康等突出问题。

整治形式主义要久久为功、善作善成。当前,在统筹推进疫情防控和经济社会发展工作中,各级党组织和广大党员干部作风状况总体上是好的,与党和人民的事业要求总体上是相适应的,充分展现出新时代共产党人的政治本色。同时,我们也要看到,一些困扰基层的形式主义问题依然存在,有的还比较严重。我们必须站在事关党的执政基础,事关党的生死存亡,事关建成社会主义现代化强国和中华民族伟大复兴的政治高度来认识形式主义的危害,拿出刀刃向内的自我革命勇气、决心和魄力,坚决向形式主义的顽瘴痼疾开刀,确保集中整治不走过场、不做虚功,确保取得人民群众看得见、摸得着的实际成效。

当前,统筹推进疫情防控和经济社会发展工作,考验十分严峻。习近平总书记强调:"坚持以人民为中心的发展思想,体现了党的理想信念、性质宗旨、初心使命,也是对党的奋斗历程和实践经验的深刻总结。必须坚持人民至上、紧紧依靠人民、不断造福人民、牢牢植根人民,并落实到各项决策部署和实际工作之中,落实到做好统筹疫情防控和经济社会发展工作中去。"[①] 我们要深入学习贯彻习近平新时代中国特色社会主义思想,始终坚持以人民为中心的根本立场,把党的群众路线贯彻到治国理政全部活动中,全面打赢疫情防控的人民战争、总体战、阻击战,确保各项目标任务的如期完成,从而进一步凝聚人民伟力,创造历史伟业。

---

① 《习近平在参加内蒙古代表团审议时强调:坚持人民至上 不断造福人民 把以人民为中心的发展思想落实到各项决策部署和实际工作之中》,《人民日报》2020年5月23日。

第四讲　坚持"以人民为中心"底线　夯实党的执政根基

四、不断夯实以人民为中心的思想基础

党的二十大把"坚持以人民为中心的发展思想"作为前进道路上必须牢牢把握的重大原则之一,强调:"维护人民根本利益,增进民生福祉,不断实现发展为了人民、发展依靠人民、发展成果由人民共享,让现代化建设成果更多更公平惠及全体人民。""以人民为中心"是一种发展思想,也是一种执政理念,是在新时代条件下对"为人民服务"这一理念的高度彰显。习近平总书记曾经在俄罗斯接受记者采访时说过:"我的执政理念,概括起来说就是:为人民服务,担当起该担当的责任。"[①]

(一) 以人民为中心诠释党的本质属性和根本宗旨

坚持"以人民为中心",在根本上是由我们党的本质属性所决定的。早在中国共产党一大上,马克思列宁主义就被确立为党的指导思想。作为马克思主义执政党,中国共产党是中国工人阶级的先锋队,同时是中国人民和中华民族的先锋队,本质上代表着中国人民的根本利益和中华民族的整体利益。中国共产党一经成立,就把实现共产主义作为党的最高理想和最终目标,义无反顾肩负起实现中华民族伟大复兴的历史使命。党的百年实践表明,中国共产党人的初心和使命,就是为中国人民谋幸福,为中华民族谋复兴。这个初心和使命是激励中国共产党人不断前进的根本动力。党的一切工作必须以最广大人民根本利益为最高标准。

坚持"以人民为中心",是践行我们党的根本宗旨的必然要求。党

---

① 《习近平谈执政理念:为人民服务,担当起该担当的责任》,中国新闻网 2014 年 2 月 9 日。

章明确指出:"党除了工人阶级和最广大人民群众的利益,没有自己特殊的利益。"中国共产党党员必须全心全意为人民服务,除了法律和政策规定范围内的个人利益和工作职权以外,所有共产党员都不得谋求任何私利和特权。党的二十大报告强调:"为民造福是立党为公、执政为民的本质要求。必须坚持在发展中保障和改善民生,鼓励共同奋斗创造美好生活,不断实现人民对美好生活的向往。"党章还特别强调:"我们党的最大政治优势是密切联系群众,党执政后的最大危险是脱离群众。党风问题、党同人民群众联系问题是关系党生死存亡的问题。"这从另一方面突出了严格践行党的宗旨、坚持以人民为中心的重要性。

坚持"以人民为中心",是对中华文明优良传统的继承与发展。中华文明过去一直讲"民为邦本""民贵君轻""君舟民水",这是中华文明政治传统的深层底蕴。我们党作为马克思主义执政党,坚持"以人民为中心",就要相信人民是历史的创造者,是决定党和国家前途命运的根本力量;就要坚持人民主体地位,在根本上立足人民自身的主体性,调动人民自身的积极性、主动性、创造性,使其汇聚成进行伟大斗争、建设伟大工程、推进伟大事业、实现伟大梦想的磅礴力量。

(二)永远把人民对美好生活的向往作为奋斗目标

坚持"以人民为中心",要永远把人民对美好生活的向往作为奋斗目标。中国特色社会主义进入新时代,我国社会主要矛盾已经转化为人民日益增长的美好生活需要和不平衡不充分的发展之间的矛盾。我们要在继续推动发展的基础上,着力解决好发展不平衡不充分问题。一方面,要在发展中补齐民生短板,促进社会公平正义,保证全体人民在共建共享发展中有更多获得感,让发展成果更多更公平惠及全体人民,朝着实现全体人民共同富裕不断迈进;另一方面,要大力提升发展质量和效益,更好满足人民对更好的教育、更稳定的工作、更满意的收入、更可靠的社会保障、更高水平的医疗卫生服务、更舒适的居住条件、更优美的环境、更丰富的精神文化生活的期盼，更好满足人民在经济、政治、文化、社会、生态等方面日益增长的需要，更好推动人的全面发展、社会全面进步。

坚持"以人民为中心"，要健全人民当家作主的制度体系，发展社会主义民主政治。我国社会主义民主是维护人民根本利益的最广泛、最真实、最管用的民主。发展社会主义民主就是要体现人民意志、保障人民权益、激发人民创造活力，关键是要用制度体系保证人民依法通过各种途径和形式管理国家各项事务，使制度的制定和执行都充分体现以人民为中心。特别要加强社会主义协商民主制度建设，形成完整的制度程序和参与实践，保证人民在日常政治生活中有广泛持续深入参与的权利。

五、以人民为中心构建新发展格局

面对世界百年未有之大变局和中华民族伟大复兴的战略全局，我国"十四五"规划和"2035远景目标"的壮阔蓝图已经徐徐展开，构建新发展格局是事关全局的战略性、深层次变革。把握和构建新发展格局应始终坚持以人民为中心的根本立场，将发展为了人民、发展依靠人民、发展成果由人民共享作为价值导向。坚持把实现好、维护好、发展好最广大人民的根本利益作为党和国家一切工作的出发点和落脚点，不断提升人民在共建共享发展中的获得感、幸福感、安全感，更好地为中国人民谋幸福、为中华民族谋复兴。

（一）新发展格局构建要坚持"为人民"的根本宗旨

党的十九届五中全会提出，以满足人民日益增长的美好生活需要为根本目的,加快构建以国内大循环为主体、国内国际双循环相互促进的新发展格局,推进国家治理体系和治理能力现代化,实现经济行稳致远、社会安定和谐,为全面建设社会主义现代化国家开好局、起好步。这一战略判断着眼于满足人民对美好生活的需要,让新发展阶段改革成果更广泛、更公平地惠及全体人民。"十三五"时期民生领域的成就启示我们,要把"符合人民根本利益"作为发展的价值尺度,把实现人民对美好生活的向往作为奋斗目标,将人民对美好生活的需要同新发展格局的构建紧密结合,坚持把维护最广大人民根本利益作为发展标准,开展以人民为中心的改革,凝聚最广泛的改革共识,让全党全社会理解改革、支持改革、参与改革,形成改革合力,不断为新发展格局夯实群众基础。

人民群众的积极性、主动性、创造性以及实践智慧和实践经验,都是中国特色社会主义的力量源泉。"人民是历史的创造者,是决定党和国家前途命运的根本力量。"[①] 新发展格局的构建需要着力提升发展质量和效益,汇聚人民群众的智慧与创造力,破解新发展阶段难题,实现新发展目标。在"十四五"时期,新发展格局构建将着眼于提升供给体系对国内需求升级的适配性,努力创造现代化、高质量的物质精神财富,将高质量发展成果不断释放,切实提升人民群众的获得感、幸福感、安全感,更好地促进人的全面发展和社会的全面进步。

(二)新发展格局构建要把人民作为主体力量

我们党始终坚持全心全意为人民服务的根本宗旨,党和国家一切工作的出发点和落脚点始终是实现好、维护好、发展好最广大人

---

① 《习近平在纪念中国人民抗日战争暨世界反法西斯战争胜利75周年座谈会上的讲话》(2020年9月3日),《人民日报》2020年9月4日。

第四讲 坚持"以人民为中心"底线 夯实党的执政根基

民的根本利益。习近平总书记强调:"人民是我们党执政的最大底气。"①增进人民福祉、促进人的全面发展,始终是我们各项工作的出发点和落脚点,推动经济社会发展归根到底也是为了不断满足人民群众对美好生活的需要。在构建新发展格局中,必须充分发挥人民的首创与团结精神,提高全社会的资源配置效率和经济循环效率,广泛凝聚社会共识,使全党全社会都理解、支持并投身新发展建设,形成发展改革合力,不断为新发展格局构建夯实人民基础,不断应对国际、国内环境带来的新矛盾、新挑战,为构建新发展格局提供可持续性动力。

进入新发展阶段,我们要突出强调激发人民的创新活力,推动大众创业、万众创新,释放社会发展新需求,创造社会新供给,推动发展新技术、新产业、新业态协调,实现绿色发展,加快实现发展成果转换。要尊重人民的首创精神,开放式地推动人民进行国内、国际双循环模式的创新实践,及时发现、总结和推广新发展格局推进过程中的建设经验,充分发挥人民在新发展格局中的主体作用。同时,还要通过制度创新全面调动人民的主动性、创造性和积极性,处理好继承和创新的关系、政府和市场的关系、开放和自主的关系、发展和安全的关系。

(三)新发展格局构建要确保发展成果由人民共享

2020年9月17日,习近平总书记在基层代表座谈会上讲话指出:"谋划'十四五'时期发展,要坚持发展为了人民、发展成果由人民共享,努力在推动高质量发展过程中办好各项民生事业、补齐

---

① 《习近平在"不忘初心、牢记使命"主题教育工作会议上的讲话》(2019年5月31日),《求是》2019年第13期。

民生领域短板。要更加聚焦人民群众普遍关心关注的民生问题，采取更有针对性的措施，一件一件抓落实，一年接着一年干，让人民群众获得感、幸福感、安全感更加充实、更有保障、更可持续。"站在新历史阶段的起点上，十九届五中全会对贯彻新发展理念、构建新发展格局作出明确规划，必须坚持和完善中国特色社会主义制度，不断推进国家治理体系和治理能力现代化，充分发挥我国社会主义制度优越性。

回顾"十三五"时期，我们党坚持用创新、协调、绿色、开放、共享的新发展理念统领经济社会发展全局，不断深化供给侧结构性改革，推动高质量发展，有力有序化解发展不平衡不充分的问题，使我国经济实力、科技实力、综合国力跃上新的台阶。"十四五"时期我们必须继续坚持用新发展理念统领经济社会发展全局，努力破解关键领域的发展问题，加快形成新发展动能和新的经济增长点，形成以创新为根本动力、协调为结构基点、绿色为持续动力、开放为重要途径、共享为根本宗旨的新发展格局。随着"十四五"发展规划的纵深推进，我国人民的生活观念及社会行为都将继续发生深刻变化，但始终不变的是坚持人民在经济社会发展中的主体地位。只有充分依靠人民的力量，充分调动全体人民的积极性、主动性、创造性，才能使一切有利于新发展格局的要素充分释放，才能不断朝着实现全体人民共同富裕迈进，使发展成果充分由人民共享。

◆◆◆ 学习与思考

1. 为什么说共产党人首先要弄清楚"为什么人的问题"？
2. 为什么说从"为人民服务"到"以人民为中心"既与时俱进，又一脉相承？

第四讲 坚持"以人民为中心"底线 夯实党的执政根基

3. "以人民为中心"要谨防哪些形式主义？
4. 筑牢"以人民为中心"的思想基础，要着重做好哪些工作？
5. 在着力构建新发展格局中，应如何体现"以人民为中心"思想？
6. 结合实际谈谈党员干部应如何在实际工作中落实"以人民为中心"要求。

第五讲 守牢基层治理底线 促进社会治理现代化

新时代,基层社会治理现代化作为社会治理现代化的重要组成部分,在全面深化改革进程中具有重要的战略地位。只有不断地提高基层社会治理现代化,才能适应社会主义现代化建设要求,激发社会活力。新时代,面临社会发展产生的新情况和新问题,重新阐述基层社会治理及基层社会治理现代化的内涵及意义,理性探求我国基层社会治理现代化进程中存在的问题和原因,优化实现基层社会治理现代化的路径,对于建设社会主义现代化强国、实现中华民族伟大复兴具有深远的意义。

一、我国基层社会治理的内涵

基层是一个地域的概念,更是一个国家治理层级的概念。我国的基层社会治理是指在党的领导下,运用包括政府在内的多种力量向基层辖区居民提供民生保障、公共服务、利益协调、矛盾纠纷化解、创造平安和谐舒适生活环境的活动。

基层社会治理与基层政府治理既有联系也有区别,共同点都是对基层公共事务的治理,不同点在于治理主体和治理对象有所差异。基层社会治理的主体强调的是社会力量，基层政府治理的主体是政府。基层社会治理需要政府的支持和引导，但更多强调的是社会力量的参与，而不是政府直接治理，更不是包办代替。从治理对象看，基层政府治理主要涉及政府职能范围内的事项，而基层社会治理主要是社会领域的事务，两者有交叉但侧重点不同。因此，基层社会治理具有很强的社会性和自治性，需要在党组织领导下实行自治、法治、德治相结合。

基层社会治理的特点是直接面对群众，事务琐碎复杂甚至艰巨繁重，是社会治理的基础和重心。基层社会既为人们生产生活提供地域空间，也为社会治理提供基础单元，人们的衣食住行、生老病死、文化娱乐等都发生在这里。随着城镇化和市场化深入推进，城乡人员流动、职住分离、各种利益关联交汇、多种服务需求旺盛，以党政机关和各类企事业单位为基础的社会治理模式很难适应社会发展的要求，城乡基层自然成为人们居家生活、公共服务的最基础平台，成为社会交往、利益关联的最前沿阵地，成为社会问题和社会矛盾预防化解的最源头防线。正如习近平总书记所指出的："经济社会发展和民生最突出的矛盾和问题也在基层，必须把抓基层打基础作为长远之计和固本之策，丝毫不能放松"[①]。

二、我国基层社会治理现代化的意义

从党的十八届三中全会开始，中央文件中用"社会治理"代替"社会管理"，"管理"向"治理"的转变，是中国特色社会主义治理理

---

① 《习近平在贵州调研时强调：看清形势适应趋势发挥优势　善于运用辩证思维谋划发展》，《人民日报》2015年6月19日。

论的实践创新，标志着我国改革发展进入了一个新的阶段。新时代新征程，稳步推进基层社会治理现代化，是实现国家治理现代化的根基，有利于有效解决社会矛盾，实现中华民族的伟大复兴。

（一）实现基层社会治理现代化是实现国家治理现代化的根基

党的十八届三中全会将完善和发展中国特色社会主义制度，推进国家治理体系和治理能力现代化作为新时代全面深化改革的总目标，是党着眼于最广大人民群众根本利益，激发社会活力的总部署，是发展中国特色社会主义的必然要求。基层社会治理作为国家治理体系中的基础要件，是实现国家治理现代化的重要环节，其治理成效在很大程度上直接影响着国家治理成效。

党的二十大明确指出要"健全城乡社区治理体系"。当前是我国全面建设社会主义现代化的关键时期，推进基层社会治理现代化，符合新发展阶段国家发展规划的战略要求，遵循了改革发展的基本规律。将国家治理现代化理念注入基层社会治理中，丰富基层社会治理功能，完善基层社会治理体制机制，实现在党的领导下的社会多方参与、民主协商、协同治理的模式，是完善和发展中国特色社会主义制度、推进国家治理体系和治理能力现代化的基石。

（二）实现基层社会治理现代化是解决社会矛盾的有效对策

我国正处于重要的战略机遇期，也是矛盾的多发期，经济的发展带来了社会的巨大变化。随着信息网络的发展，以网络为主要载体的犯罪突出，网上治理任务日趋繁重。另外，基层社会领域中的突出问题如农村土地的征收征用、房屋拆迁、环境污染、是随着社会的发展进步而逐步出现的，要解决基层社会问题，关键在于摆脱以往主要由政府单一管理的模式,转型为由政府主导、多方参与、协同推进的模式,以此完善基层社会治理体系和能力,逐步实现基层社会治理现代化。

(三) 推进基层社会治理现代化是实现中华民族伟大复兴中国梦的必然要求

我国的基层社会治理现代化,是依据我国国情和中国特色社会主义发展要求提出来的,既不是西方治理理论的套用,也不是其延伸,而是在新形势下以完善和发展中国特色社会主义制度的新部署。我国的基层社会治理现代化致力于坚持党的领导,以人民为中心,整合各种治理资源,凝聚各种治理功能,以巩固党的执政地位,使社会安定有序、人民安居乐业。所体现的,是党领导下的多方参与、民主协商、共同治理的理念,对保障和改善民生、促进社会公平正义、让一切社会财富充分涌流、让发展成果惠及全体人民、确保社会和谐有序等,都具有极其重要的意义。因此,在新发展阶段,推进基层社会治理现代化将进一步提高党的执政能力以及政府的执行力和公信力,必将为实现中华民族伟大复兴的中国梦注入强大的动力。

三、当前我国基层社会治理现代化存在的问题及原因

改革开放以来,我国经济不断发展,社会生产力得到了空前的发展,基层发生了翻天覆地的变化,基层群众对美好生活的各项需求日益增多,人们对物质文化和精神文化的追求不再仅仅满足于量,而更多地追求质。但基层社会治理的滞后与经济发展的不相适应,导致在基层社会暴露出了诸多的矛盾及问题,如城乡区域发展不平衡,医疗、

就业、住房、养老等关乎百姓切身利益的问题尚不能得到完全解决，民主法治不够健全、制度体制不够完善等，这些问题在某种程度上已经成为影响社会安定的不和谐因素，增加了基层社会治理的难度，使得基层社会治理现代化的稳步推进步履维艰。其原因主要有以下几个方面：

一是社会转型期的变化。过去在计划经济时代，基层社会管理模式单一，政府作为唯一占有、支配社会资源的主体，对社会利益资源的分配具有绝对的控制权和管理权。改革开放后，随着市场经济的不断发展，社会经济结构开始出现变化，不同利益主体之间开始产生各种矛盾，过去计划经济时代的单一治理模式已经不适应社会的发展变化，社会分工多元对政府提出了新的要求。在市场经济条件下，经济利益的来源逐步多元，公民对社会服务的需要不断增加。经济利益来源的多样化和社会资源的有限性，导致了利益关系的不平衡。这种社会转型，在带来历史机遇的同时，也引发了社会结构、利益、价值取向的深刻变革。特别表现在基层社会中的劳资关系、行业内部关系。这些都对基层社会治理提出了新的要求。

二是部分基层政府对治理理念的盲视。当前，基层社会治理现代化进程中存在的最突出问题就是基层政府的治理思维和方法无法与基层经济社会的多元化发展同步。基层政府对待社会公共事务依旧侧重于单一化手段，面对经济社会发生的新情况新问题，依旧用"管控"的老思路、老办法。一些基层政府盲目追求GDP，认为只要把经济建设搞好，其他社会问题就会随之消失；一些基层政府采用以往自上而下的粗放式管理为主、服务为辅的方式解决社会复杂问题，以基层政府权威作为依靠力量，大包大揽、过度干预社会事务，基层政府几乎承担了全部社会事务，最终造成管不好的局面；一些基层政府对新形势下发展社会组织的意义、功能认识不够,缺乏扩大社会主体参与、协同治理的理念,引起群众的不满情绪,无形中制约了基层社会治理现代化;一些基层政府尚未真正树立"服务型政府"的理念,责任、法治、民主、效率等意识较为淡薄,治理理念和治理能力与社会发展存在一定的偏差,导致在经济社会中高速发展的新时代职能定位有所偏移,遇到问题时依旧采用收费、罚款、审批等方法来解决,治"标"不治"本","暗箱操作"现象时有发生,经常将简单的事情复杂化,对群众采用"冷、硬、推"的态度,没有树立以人为本、尊重人格的观念;一些基层政府缺乏对基层社会治理向现代化转型的认知,对于现代化数字信息没有集成式管理,对于数字信息的利用率不高,使基层政府治理水平远远落后于经济发展水平。

三是社会组织边缘化。社会组织主要包括社会团体、基金会、民办非企业单位等,它们是基层社会治理的有效组织形式,对于提高党的执政地位、激发社会活力具有重要意义。改革开放以来,社会组织在提高生产力、维护社会稳定等方面发挥着重要的作用,成为我国社会主义现代化建设的重要力量。但是,社会组织总体数量不足、分布不均、自身发展能力有限等也严重阻碍了基层社会治理现代化的步伐。比如,一些社会组织自我管理能力不足,在合作中规范化程度不高、监督不够,服务能力不尽如人意,使社会组织公信力受到质疑;一些社会组织内部治理结构不合理、不科学,财务信息不透明,资金筹集渠道单一,自律机制存在欠缺;一些社会组织制度化障碍明显,登记、管理、监督、考核等相关法律法规建设相对滞后,趋利化现象开始显现;一些社会组织对政府依赖性过高,缺乏服务意识;一些社会组织工作人员没有经过专业系统的知识培训,素质不高,在基层政府向社会购买公共服务和转移职能的过程中,与基层政府的沟通不够顺畅,缺乏一定的协调能力，服务对接出现问题。另外，由于基层群众对社会组织的认知较低，已经习惯了"有事找政府"，对社会组织信任度不高，导致社会组织边缘化，无法充分发挥社会组织这一重要载体的积极作用。

四、我国实现基层社会治理现代化的思路探索

党的二十大报告提出的"完善社会治理体系"为我们推动基层社会治理现代化提供了参考。新时代，实现基层社会治理现代化，是一项需要党委、政府、社会、民众多元参与并协同治理的系统工程，是一项艰巨而漫长的任务。必须始终坚持党的坚强领导地位，坚持正确的前进方向，以精细化、协同化、科学化、信息化逐步推进基层社会治理的现代化。

（一）以党建引领基层社会治理现代化方向

改革开放以来，我国取得的一系列成就都与坚持党的领导，坚持党的路线方针政策分不开。在基层社会治理现代化的过程中要确保用党建引领其方向。

一是要将基层党建作为贯穿社会治理和基层建设的一条红线。党的十八大以来，习近平总书记多次强调要将加强基层党的建设、巩固党的执政基础作为贯穿社会治理和基层建设的一条红线。党的二十大指出要"健全共建共治共享的社会治理制度，提升社会治理效能"，这为我们基层社会治理提供了科学指南。

二是要强化基层组织自身建设。在基层生活中，党组织是密切党群关系、表达基层民众利益诉求的桥梁，其在基层社会治理中的组织力、号召力和动员力是其他组织所无法替代的。"打铁还需自身硬"，

基层党组织如何表现，基层政府就如何作为。因此，基层党组织要不断加强自身组织建设和作风建设，加强基层党组织开展工作的能力，以发挥好先锋模范作用。

三是要强化为人民服务的宗旨意识。党组织要以嵌入方式参与经济活动和各项公共事业，通过在楼宇、片区等地方建立基层组织、开展党建工作，将党的领导深入根植于人民群众中，以基层党建引领基层社会治理现代化，有效整合社会资源，开创基层社会治理新局面，真真切切地为老百姓解决问题、谋求福利。

（二）精细化提升基层政府治理能力

从"社会管理"到"社会治理"的转变，是"粗放式"的传统管理模式向"精细化"治理模式的转型，是治理理念的重大更新。新发展阶段，面对经济建设和社会领域出现的新问题、新情况，基层社会治理必须实现政府对治理理念及职能认知的"精细化"，通过理念的创新带动制度、方法的"精准"，来改进基层社会治理方式，提升基层社会治理水平。

一是要树立以人为本的理念。人民群众是党的力量源泉，全心全意为人民服务是中国共产党的根本宗旨，在基层社会治理中，基层政府要始终把人民的根本利益摆在首位，使基层社会治理的各项决策都能以人民为中心，增进人民福祉。

二是要树立系统治理理念。要加强党委领导、政府主导、鼓励社会各方参与，发挥社会组织作用，形成基层社会治理合力。

三是要树立依法治理理念。基层政府要按照宪法法律的规定依法行使权力，将法治精神贯穿到基层生活的方方面面。通过加强法治保障、加快基层社会治理的法律建设，来不断强化法治理念，提高基层社会治理的法治化水平。

四是要树立综合治理理念。基层政府要将法治与德治结合起来，发挥道德的引导作用，规范社会行为，调节利益关系。

五是要树立源头治理理念。基层政府要健全基层社会综合服务平台，及时反映群众的利益诉求，将基层社会不和谐隐患消除在萌芽里，从源头上解决基层社会治理的深层次问题。

六是加强自身建设。基层政府要提升自身治理能力，在行使权力时要做到责任的"精准"，确定责任主体，厘清权力与责任的关系。在基层社会治理现代化进程中，基层政府要与社会其他主体一同参与，将部分职能精准地转移给其他社会主体，明确社会、市场的角色定位，简政放权，协调好基层政府与党委、社会组织和人民大众的关系，协调好部门利益和全局利益之间的关系，根除"官本位"的思想，杜绝大权独揽，科学看待自身角色定位及履行职能，树立"人民至上"的服务理念，引导和激励社会组织健康发展，打造真正为民服务的"服务型政府""阳光政府"。

（三）协同化激发社会组织活力

社会组织是基层社会治理中的重要载体。面对基层社会发展面临的深层次问题，基层社会治理急需社会组织的积极参与，即夯实社会组织在基层社会治理中的职能定位，形成与基层政府、市场协同发展的多元参与主体。也只有基层政府与社会组织的协同联动，才能更好地激发社会组织活力。

一是要确保社会组织权利和责任。要限制公权组织与社会组织一体化，加快实施政社分开，加强政社合作，保障社会组织的自主性和合法权益，进一步明确现职公务员不得以任何理由兼职社会组织负责人，确保社会组织自治并独立承担责任。

二是要打破社会组织发展壁垒,创新社会组织扶持机制。社会组织要积极承接由基层政府转移的适合社会组织做的公共服务工作。基层政府要加快职能转移,公平对待社会组织,通过资金支持、税收优惠等方式加大对服务类社会组织的扶持力度,鼓励引导其快速发展。同时,基层政府要通过对社会组织的监督,推动社会组织规范自律。

三是加强社会组织自身建设,提高服务能力。要下大力气加快推进社会组织内部改革及创新,提升其自我发展能力,提高应对不利环境的能力。要通过加大人才选拔力度,合理规范选人用人机制,不仅提升社会组织内部的素质,也寻求外部资源给予更多的支持。对于基层特色社会组织,如工会、妇联、残联等具有专属的社会群体,要提高其民主程度以及维权力度,提升其在社会资源配置中的能力,以满足基层群众日益增长的多元化公共服务需求。

(四) 加强基层体制科学化建设,提高公共服务能力

推动基层社会治理现代化,必须充分发挥科学机制的优势,通过治理和服务相结合,以诉求表达机制的构建保障人民合法权益,以公共安全体系的建立提高公共服务能力,以监督机制的完善更好地发挥政府职能。

1. 构建基层社会治理诉求表达机制

基层社会治理现代化的实现关键,在于解决社会问题和矛盾。面对日益复杂多元的社会矛盾,基层政府若无法通过对话、协商的民主方式来应对群众的合理诉求,就无法最大限度地增加和谐因素、减少不和谐因素,就无法最大限度地化消极因素为积极因素、确保基层社会的安定有序。而基层社会治理合理诉求表达机制的建立,则可以从源头上发现社会问题所在。如:发挥地方人大、社会组织、基层群众自治

组织等社会主体的利益诉求表达功能，完善公共决策制度；积极畅通群众诉求表达渠道，改革信访工作制度，利用网络处理信访工作；运用法治思维和方法来化解矛盾，统筹协调各方利益，妥善处理矛盾；坚持党的群众观点、群众路线，落实基层干部下访、回访，密切联系群众，了解群众的真正诉求；健全及时满足群众合理诉求机制，将群众的合理诉求体现到政策的方方面面，从而使基层群众的合法权益得到保障。

2. 建立健全公共安全体系

公共安全是人们生存与生活的基本保障，关系到社会的稳定和谐和人民的幸福生活。当前，健全公共安全体系已经成为基层社会治理现代化的重要课题。

一是要建立统一高效的食品药品安全监管机制。加强基层政府对食品药品的监管能力，将食品药品监督管理落到具体责任单位，落实企业在食品药品安全中的主体责任，完善食品药品的安全标准体系，建立食品药品原产地可追溯制度，实现从生产前端到消费终端的监管全覆盖，在每个环节都保障食品药品的安全。

二是要健全安全生产监管制度。加强从业人员安全知识教育，提高从业人员安全意识，依法落实政府对安全生产的监管责任以及企业在安全生产中的主体责任，将安全生产责任主体层层落实到个人。不仅要严格遵守各项操作流程、规范日常生产安全行为、夯实安全生产基础，同时要建立隐患排除系统和事故预警系统，严厉整顿违法违规生产经营活动，遏制一切不稳定因素。

三是要完善基层社会治安防控体系。充分发挥公安机关在社会治安防控中的主导作用，创新执法方式。推进社会面、重点行业和重点人员、乡镇（街道）和村（社区）、机关企事业单位内部、信息网络等"五张网"建设。加强重点地区、重要场所的治安，结合志愿者、保安、居民等力量进行群防群治,广集民智,提高治安防控的协同性。加强社会治安风险预警建设,降低群体性事件发生概率。

3. 创新基层监督机制

基层社会治理现代化的实现本是由基层政府、社会组织、市场、群众等多方参与的协同推进过程,任何一方出现问题,都会影响整体推进的效果。我们只有通过建立多方参与的监督机制,明确基层各个治理主体的责任和作用,才能更好地实现各治理主体的价值追求。

一是要严格落实监督机制,尤其是行政监督和社会组织监督。设立专门的监督机构,保证监督机构的自主性,不得挂靠于任何单位,并且监督机构人员要涉及各界人士,将基层群众纳入监督体系,扩大基层群众参与监督的平台。

二是要设置科学化的考核标准。在绩效考核中引入绿色指标和民生指标,将群众满意度与可持续发展评估纳入监督指标,并且考核的指标不仅作为绩效奖金的评判标准,更与选拔任用挂钩。

三是要实行必要的信息公开。在不违反国家法律的前提下,尽可能将政务和村(居)务信息公开,消除基层政府与群众信息不对称现象,自觉接受人民监督及意见反馈,使政府更好地发挥公共服务职能,不断激发社会组织活力,为基层社会治理现代化提供重要支撑。

(五)以信息化推进基层社会治理现代化

随着现代信息技术的发展,人类社会已经进入"互联网+"的时代。以互联网为代表的信息技术在给基层社会治理带来新的挑战的同时,也为基层社会治理现代化带来了新的技术和手段。充分发挥数字经济、数字化的优势,将大数据、云计算、物联网与基层社会治理进行深度融合,是智能化发展的大趋势,也是我国实现基层社会治理现代化的驱动力。

一是要注重大数据、云计算在基层社会治理工作中的运用。改变过去封闭的各部门各自为政、仅运用部门内部所拥有的有限数据进行决策的模式，通过云服务等形式整合不同部门的信息资源，建立以基层政府为主导的数据平台，打破"信息壁垒"，加强信息共享互通，推动信息网络的共建共享，提高基层社会治理的科学化水平。

二是鼓励社会创新。加大在教育、养老、交通、卫生等领域"互联网+应用软件"的开发，让民众生活更便捷，也使基层政府能够便利地获取更多实时民生数据，了解民众的真实需要，通过整合、分析、深化民生数据，掌握群众的多元化需求及变动趋势，让社会政策制定更加精准和有效。

三是要强化网络安全保障体制，着力解决信息网络安全问题。加大对各部门信息采集、存储、使用中的监管力度，通过信息加密、控制使用权限等方法为信息网络筑起"防火墙"，防止信息泄露，建立线上线下联合机制，让信息化更好地服务于基层社会治理现代化。

总之，推进基层社会治理现代化是一项庞大而复杂的系统工程，只有通过基层政府与社会组织等社会主体协同共治，进一步加强基层党建，创新基层社会治理理念和方式，从机制体制层面系统推进，才能为全面推进基层社会治理现代化打下坚实的基础。

学习与思考

1. 我国基层社会治理包括哪些内容？
2. 我国基层社会治理为什么要向现代化方向发展？
3. 要实现我国基层社会治理现代化，还需要解决哪些难题？
4. 结合实际谈谈应如何实现我国基层社会治理现代化。

第六讲　守住粮食安全和不发生规模性返贫两条底线

习近平总书记强调:"保障好初级产品供给是一个重大战略性问题,中国人的饭碗任何时候都要牢牢端在自己手中,饭碗主要装中国粮。"① 中央农村工作会议明确要求,要"牢牢守住保障国家粮食安全和不发生规模性返贫两条底线"。守住粮食安全底线,确保不发生规模性返贫,对于做好"三农"工作、稳定"三农"基本盘,巩固拓展脱贫攻坚成果同乡村振兴有效衔接,对于保持平稳健康的经济环境、国泰民安的社会环境,全面推进乡村振兴,具有特殊重要意义。

一、牢牢守住保障国家粮食安全底线

这些年来我们始终把粮食安全当作首要工作来抓,粮食总产连续六年稳定在1.3万亿斤以上,稻谷和小麦两大口粮基本自给,并且探索出行之有效的重农抓粮机制,走出一条中国特色的粮食安全之路。但是,这些亮眼的成绩并不意味着我们的粮食问题已经过关了、已经彻底解决了。我国是一个大国,人口数量大,经济体量大。大有大的

---

① 《中央农村工作会议在京召开　习近平对做好"三农"工作作出重要指示》,《人民日报》2021年12月27日。

优势，大也有大的难处。大就意味着很多事只能靠自己，特别是粮食，如果出了问题谁也救不了我们，到国际市场上买，都没有这么多库存卖给我们。所以粮食安全这根弦必须牢牢绷紧，特别是在现在多种因素交织叠加的情况下，更要把保障粮食安全放在突出位置。

（一）粮食安全首要在耕地

仓廪实，天下安。耕地是关系 14 亿人吃饭的大事。习近平总书记强调："耕地是粮食生产的命根子。要强化地方政府主体责任，完善土地执法监管体制机制，坚决遏制土地违法行为，牢牢守住耕地保护红线。"[①]

耕地是保障国家粮食安全的基石，是我国最为宝贵的资源。我国是世界上第一个为保护耕地而设立专门纪念日的国家。长期以来，面对人多地少的基本国情，党中央、国务院始终坚持最严格的耕地保护制度，持续加大耕地保护力度，严守耕地红线，为端牢中国饭碗奠定了坚实基础。党的十八大以来，习近平总书记就做好耕地保护工作多次发表重要讲话、作出重要指示批示，为进一步做好耕地保护工作提出了要求，夯实了责任，提供了遵循。

耕地红线，是经济社会发展的生命线，也是经济社会发展不可突破的底线。虽然我国陆地国土面积有 960 多万平方公里，占世界陆地面积的 1/15，但是人均占有土地不到世界平均水平的 1/3，土地资源呈现"一多三少"的特点，即：土地资源总量多、人均占有量少、优质耕地少、耕地后备资源少。这不仅决定了我国耕地资源的特殊重要性和战略性，也决定了我们必须像保护大熊猫一样，把 18 亿亩耕地保

---

① 《什么是治国理政的头等大事？习近平这样论述"中国饭碗"》，人民网—中国共产党新闻网 2019 年 10 月 16 日。

第六讲　守住粮食安全和不发生规模性返贫两条底线

护好,绝不能让中国饭碗有闪失。

保护耕地,功在当代,利在千秋。战国初期的思想家墨子曾经说过:"安国之道,道任地始,地得其任则功成,地不得其任则劳而无功。"也就是说,安定国家的途径,是从使用土地开始的,土地得到合理使用,安定国家便可成功;土地得不到合理使用,想安定国家也是徒劳无功。对于我们这样一个拥有14亿人口的大国来说,保护好18亿亩耕地,端牢中国饭碗,是安邦定国的头等大事,是生死攸关的战略考题,必须树牢"但存方寸地,留与子孙耕"的意识,坚守最严格的耕地保护制度,把端牢中国饭碗这道战略考题答好,答出新时代的精彩。

保护耕地,势在必行,时不我待。毋庸置疑,随着新型工业化、城镇化建设深入推进,占地需求和补地资源空间不匹配等问题日益显现,土地资源的无序开发与粗放利用并存,导致土地生态系统功能不断退化,耕地保护面临数量、质量、生态等方面的多重压力。保护18亿亩耕地,就是保护我们的生存底线。而坚持节约集约用地,既是促进经济发展方式转变的有效途径,也是保护18亿亩耕地的根本出路,必须把法治理念、法治思维和法治原则贯彻到节约集约用地全过程,让节约集约用地与严守耕地红线相辅相成,并成为全党全民的思想自觉、行动自觉,使每一寸土地都能地尽其用,为保障国家粮食安全、生态文明建设和经济社会高质量发展注入硬核动能。

保护耕地,责任在肩,使命在前。对于各级党委、政府和党员干部来说,严守耕地红线,是党性问题、作风问题、政治问题。要切实增强做好耕地保护工作的责任感和使命感,通过建立健全"党委领导、政府负责、部门协同、公众参与、上下联动"机制,层层压实主体责任,实行耕地保护党政同责、严格问责、权责一致,形成保护耕地整体合力,牢牢守住耕地保护红线。在这个问题上,绝不能做夹生饭,更不能犯难以挽回的颠覆性错误。

(二)全力抓好初级粮食产品供给

保障好初级粮食产品供给,是守住保障国家粮食安全底线的重大战略性问题。

1. 多措并举保证初级粮食产品供给能力

保障国家粮食安全涉及产、加、销、储、运等多个环节,但首先在于"产出来",这是粮食安全的基础。"党政同责"落实得好不好,关键要看粮食播种面积和产量,同时要看科技研发应用的情况。要在规定和考核办法的制定中,把握重点,更加注重生产环节、科技创新,把藏粮于地、藏粮于技落到实处。

保障粮食安全,高质量建设高标准农田一定是应有之义。要紧扣农业农村现代化,强化顶层设计和规划引领,提升高标准农田建设质量,促进高标准农田建设与农业农村现代化融合发展。要通过完善制度机制、完善建设标准体系、充分发挥项目受益主体作用,积极引导耕地所有者、农民及新型经营主体等参与高标准农田项目规划、建设和管护工作等举措,提升高标准农田建设管理水平。同时,高标准农田建后管护同样不容忽视。必须建立健全县级政府主导、乡镇政府负责、村集体为主体、受益者有责的建后管护体制,将建后管护责任落实到村组织和受益对象,与农民、新型经营主体、农业企业等使用者利益挂钩。在健全完善多元化管护经费筹集机制的同时,探索建立管护成效的动态监测评估机制,确保已建成高标准农田发挥长久效益。

2. "全链条"保障稳定安全供给

初级农产品包括种植业、畜牧业、渔业等未经过加工的产品,要

第六讲　守住粮食安全和不发生规模性返贫两条底线

正确认识和把握保障好初级农产品供给，还必须对我国居民消费粮食和肉类等食物的未来趋势作出总体判断。

肉、奶、蛋等畜产品供给事关经济和社会稳定，是涉及粮食安全全局的重要事项，但当前这方面还存在一定数量和质量跟不上需求增长、进口量较大、自给率不容乐观的情况，需要多管齐下，确保我国肉奶蛋产品稳定供给。

虽然我国养殖规模占世界总量 1/3 以上，居世界第一，但生产效率和产品质量水平还不够高，一些动物传染病如非洲猪瘟、禽流感等重大动物疫病和人畜共患病是当前最主要的制约因素。做好动物疫病防控，对保障养殖业健康发展具有关键意义。要更加突出政府主导作用，不断强化养殖业者主体责任；要更加严格落实动物疫病防治法规，进一步完善基层防疫体系建设；要更加注重发挥科技创新对动物疫病防控的关键作用。

同时，畜牧业要摆脱与粮争地、劳力短缺、环境污染等困局，逐步向规模化、标准化设施养殖转变，以提高资源利用率和生产效率，改善畜产品质量安全，降低对环境生态的影响。

要保障畜禽产品安全供给，就必须做到：产业链前端要加快畜禽种业自主创新，产业链中端要提升畜禽健康养殖水平，产业链后端要加强畜禽产品检验检疫，产业链末端要完善畜禽产品流通体系，积极推广"集中屠宰、冷链配送、生鲜上市"畜禽产品流通模式。

另外，在初级农产品中为人类提供优质食物蛋白作出重要贡献的还有水产品。虽然近年来我国水产品质量、安全持续提高，达到了本世纪以来的最高水平。然而，产品合格率仍有一些波动。当前威胁我国水产品安全的主要污染源，是以抗生素、重金属为主的化学残留以及病原生物、生物毒素等造成的生物污染。要解决水产品安全供给存在的系列问题,首先要制定国家的水产品产量目标,划定一定规模的水产养殖水面红线,规划具体的养殖区、限养区、禁养区以及养殖容量,采取许可证准入制度,尽快实现我国从传统家庭式经营到规模化现代渔业的转型。同时要加强渔药代谢的基础研究和专用渔药开发,指导科学用药,加强水产养殖环境、产品质量安全的立法,加大执法力度。建立水产品安全监测的市场化机制,严格控制生食水产品,建立完善的水产品冷链物流体系。以此促进水产业绿色持续发展,切实保障水产品的长久安全供给。

蔬菜是人民群众日常生活中每日都不可缺少的农副产品。改革开放40多年来,为不断满足消费者的需求,我国蔬菜生产供给在品种数量、产品质量上都有了很大提高。蔬菜产业发展成了农村经济发展和农民增收致富的重要途径,也是满足居民"菜篮子"消费需求的重要保障。要盯住居民的"菜篮子",首当其冲就是确保主要蔬菜优势生产区蔬菜种植规划中的种植面积,依托现代化技术促进蔬菜产业发展,为市场提供高品质、低成本的蔬菜产品,完善社会化服务,建立统一的蔬菜生产销售信息系统。目前,国家和各地农业农村、市场管理及商业各主管部门都相继建立了各自的蔬菜生产和市场销售等信息系统,为充分发挥数据信息在指导全国各地蔬菜产区种植品种、采收时间、气候和行情变化、应急供应保障等的社会化综合作用,期待尽快建立国家层面的统一信息系统。

3. 种源创新是重中之重

从主粮到肉蛋奶,再到蔬菜水产,近年来我国居民对初级农产品的需求持续增加,而要保障初级农产品安全供给,一个最为重要的问题就是种源问题。种源问题关系到初级农产品的生产与供给安全。目前我国水稻和大豆种源完全自主,玉米种源部分自主,小麦种源基本自主、少量进口，大宗蔬菜种源自主可控，但我国大豆品种产量和玉米品种产量低于美国，中高端蔬菜、饲草、生猪种源和牛鸡种源大量依赖进口。因此必须全面实施种业振兴行动，确保种源可控，保障初级农产品供给。

当前分子模块设计育种为解决种源匮乏提供了全新的科技体系。高产、稳产、优质、高效等复杂性状受多基因调控，形成了"模块化"特性的基因调控网络，只要解析了复杂性状的分子模块以及多模块互作与耦合规律，就可快速、精准培育出多模块耦合的优异新品种，并且我国在水稻分子模块设计育种方面在国际上已经处在领跑地位。

此外，当前我国大多数农产品的育种技术仍处于杂交育种（2.0版）到分子育种（3.0版）的过渡阶段，亟须建立初级农产品复杂性状解析与分子设计的理论与技术体系。系统布局种业自主科技创新是解决种源匮乏的原动力。因此需要尽快启动饲草和作物逆境分子模块挖掘与品种设计等科技专项，设立国家级饲草种质设计先行机构，建设饲草育种加速器与遗传转化平台和产业化基地。

根基稳，则底气足；自身硬，才能打铁强。只要牢牢巩固初级产品供给的根基，把发展的主动权掌握在自己手中，我们的粮食安全保障就能在未来拥有一份自信与从容。

（三）建设国家粮食安全产业带

建设国家粮食安全产业带，是保障我国粮食安全的重要举措，也是适应粮食产业高质量发展要求的战略安排，对于促进我国粮食产业提质增效、全面提升粮食安全保障能力，意义深远而重大。

中央经济工作会议提出建设国家粮食安全产业带，这对于进一步增强我国粮食资源配置效率，促进粮食产业提质增效，全面提升粮食安全保障能力，意义深远而重大。

国家粮食安全产业带是在粮食主产区、核心产区、粮食生产功能区的基础上提出的一个新概念。建设国家粮食安全产业带，通过集聚整合资源要素发展粮食生产，是保障我国粮食安全的重要举措，也是适应粮食产业高质量发展要求的战略安排。

要建设好国家粮食安全产业带，就必须重点突破耕地和种子两大瓶颈，全面提高粮食综合生产能力；推动粮食精深加工和高效养殖，全面提高粮食综合效益；建设粮食运输走廊，连接国家粮食储备库和加工基地，形成既能产得出，又能调得快、供得上的高效供应链。

二、守住不发生规模性返贫的底线

所谓规模性返贫，是指全面建成小康社会之后，由于种种原因，一定区域、一定群体、一定时间出现较广范围和较多主体的返贫现象，包括某类人群较高比例人口返贫，或某区域出现较大数量返贫人口。守牢不发生规模性返贫这一底线，是全面建成小康社会、历史性解决绝对贫困问题之后十分重要、较为复杂和极其艰巨的工作。

（一）不发生规模性返贫是实现乡村振兴的前提

全面建成小康社会、历史性解决绝对贫困问题后，现在"三农"工作重心历史性地转移到全面推进乡村振兴上来。为防止脱贫后规模性返贫，党中央对脱贫县设立了五年过渡期。脱贫地区过渡巩固期和衔接乡村振兴阶段的首要任务，是巩固拓展脱贫攻坚成果成效。过渡期和衔接期乃至今后相当长的一段时期，必须坚决防范化解规模性返贫风险，全面巩固拓展脱贫攻坚成果，进而实现巩固拓展脱贫攻坚成果与乡村振兴有效衔接。这是重要底线和重点任务，是新征程中实现乡村全面振兴的工作基础和发展前提。

从全面脱贫、历史性地解决绝对贫困问题，到通过全面乡村振兴进一步发展农业和农村，持续增加农民收入，稳步推进共同富裕，过渡期间和衔接阶段防范化解规模性返贫风险工作非常重要。过渡期能否持续稳定、内生巩固和长效稳固脱贫成果，衔接阶段能否为全面推进乡村振兴做好铺垫、奠定基础和良好开局，直接检验全面建成小康社会的实效和韧性，直接关系到乡村振兴开局起步格局形势，直接关系到全体人民共同富裕这一社会主义本质目标的阶段性进展，直接关系到中国特色社会主义减贫制度优势彰显效果，直接关系到"两个一百年"的奋斗目标，直接关系到社会主义现代化国家建设目标能否如期实现。

因此，在这个过渡期内，必须有效推动农民收入持续增长，有效落实脱贫地区农村居民收入增速持续高于全国农村平均水平，形成推动农民收入持续稳步较高增长的农业现代化发展基础和农村治理能力与水平，实现全面脱贫与乡村振兴的有效衔接工作乃至整个乡村振兴开局起步和后续建设。

全面巩固和深度拓展脱贫成果，是乡村振兴题中应有之义，也是启动全面持续实现乡村振兴的时代新起点、关键着力点和系统突破点。当前，持续巩固脱贫攻坚成果，坚决预防农业生产下降、农民收入减少和农村发展不平衡，坚决守住不发生规模性返贫底线，是乡村振兴的工作前提、经济保障和社会基础。

（二）梳理规模性返贫的可能原因及风险

守住不发生规模性返贫底线，首先要系统梳理与理性分析导致规模性返贫的可能原因和风险。规模性返贫总体表现为脱贫发展的基础不够扎实，具体潜在的原因和风险主要有以下几个方面。

一是部分地区脱贫发展仍有一定程度外部依赖特征尤其是政策依赖性。少数脱贫地区脱贫过程具有明显外部依赖特征，脱贫的政策依赖性较强。在政府主导下，虽然通过异地搬迁、政策支持、转移支付、产业帮扶、项目扶持、就业脱贫、健康脱贫和公益行动等多元主体协作、多方资源联动及多种方式并举，在规定时间内达到了脱贫标准，但是，政策依靠和资源依赖性"输血式"短期脱贫总体基础较为薄弱，融入经济大循环和城乡一体化统筹发展的主动"造血式"能力不足。总体而言，少数地区脱贫整体质量不高，农民收入水平仍然较低，农业现代化发展仍不充分，农村经济社会发展仍不平衡，脱贫成效不够稳固，仍然存在返贫风险。脱贫的外部依赖特征决定了这一类脱贫工作有待夯实基础性、持续性、系统性和内生性发展支撑，在过渡时期和衔接阶段，遇到自然灾害、疾病、意外事故等突发情况，或者产业、市场、需求等方面情况变化，一些地区、一些群体可能因灾、因病、因残、因市场变化等，由"脱贫"转入"返贫"状态。

二是脱贫人口的自我发展和持续发展能力总体提升需要一个较长过程。必须理性认识预防规模性返贫工作难度，这可能是今后相当长一段时期不得不面对的严峻挑战。由于脱贫人口素质和能力的全面提升是一个持续累积过程，依靠政策性措施和保障性办法脱贫的脱贫人口，如果缺乏基础教育、职业教育和技术培训等人力资本持续投入，加上城乡一体化统筹推进仍不均衡，一些脱贫地区脱贫人口的自我发展能力、内生可持续发展能力以及脱贫致富能力难以短期内显著提升，难以形成持续内生发展的人力资源支撑和人力资本优势，就可能发生一定范围、一定时期的"返贫"现象。

三是巩固脱贫攻坚成果的特色体制机制有待进一步健全完善。消除贫困是当今世界发展的重大实践课题，我国完成消除绝对贫困的艰巨任务，创造了世界减贫奇迹。我国脱贫攻坚的主要经验是坚定不移坚持党的领导，发挥党总揽全局、协调各方的领导核心作用，党的领导贯穿各领域、各方面、各环节，并充分发挥各级党组织和全体党员作用。历史性解决绝对贫困问题之后，不排除有的地方、少数机构及一些环节出现注意力转移现象，需要及时巩固拓展脱贫经验，深度拓展脱贫的领导经验和组织经验，确保我们的制度优势和组织优势转变为预防返贫和全面推进乡村振兴的综合效能，进一步提升乡村建设水平、乡村发展水平和乡村治理效能。

（三）多措并举守住不发生规模性返贫底线

借鉴扶贫开发和脱贫攻坚经验，防范化解规模性返贫风险需要多措并举，通过事前预防和事后帮扶、开发发展与保障式帮扶、长期长效机制与短期应急帮扶以及政府社会与群众相结合的总体思路，重点构建内生持续发展的体制机制，提升脱贫人口的发展能力，落实守住底线的具体责任，努力管控返贫风险。

一要坚持问题导向，构建内生持续发展的体制机制。在过渡期和衔接期，要进一步总结提炼党对脱贫工作的领导、构建全国一盘棋脱贫攻坚体系和坚持精准扶贫精准脱贫等宝贵经验，并充分运用于"有效衔接"阶段，积极构建预防规模性返贫的体制机制，强化解决"三农"问题的造血式内生发展机制，有效摆脱政策性补助依赖和单纯外部输血的外源式、外力式脱贫效应。要进一步通过构建内生持续发展的体制机制，激励脱贫人口的主动性、积极性和能动性，激发农民创造力，释放农业发展能量，进一步解放和发展农村生产力。为此，要确保过渡期和衔接阶段制度体系延续到位、体制机制落实到位、责任压实落细到位、协同联动高效预防到位,不出现制度真空、政策落空、机制缺失和组织缺位。

二要坚持目标导向,提升脱贫地区和人口的持续发展能力。要进一步统筹推进乡村振兴、城乡一体化和统一大市场建设,加大城乡公共服务均等化建设力度,积极推进城乡要素流动,努力拓展农村农民的发展机会和发展空间,尤其要持续固化、优化项目推进的产业扶贫,强化农民增收的产业基础,夯实农民持续增收的经济基础,消除外部资源依赖、政策依靠的短期影响,减少不稳定因素,夯实稳固乡村振兴基础。以乡村振兴实现包括农民在内的共同富裕为目标,更为重要的是持续促进农民素质提高,完善农村农业组织形式,持续提升脱贫地区脱贫人口的自我发展能力,尤其是通过加大各类教育、各种培训,全面提高农村人力资本水平,充分开发农村劳动力资源,提高返贫高风险人群的人力资源质量,构建与乡村振兴相适应的新型农民队伍,从根源上阻断规模性返贫现象。

三要坚持绩效导向,强化各层各级责任主体的联动责任。要进一步强化精准脱贫后的精准防控"返贫"责任,明确完善预防返贫的体制机制,加强各层各级组织领导,协同各方力量各种资源,建立返贫风险人口数据库,精准识别返贫高风险人员,动态跟踪可能返贫具体情况,加强返贫数据监测和前瞻预警,全面掌握潜在返贫原因,分类多措并举精准实施干预,落实预防化解返贫风险的责任。在过渡期和衔接阶段的全过程、全环节中,要发挥政治优势和组织优势,全员全过程全方位全环节落实落细落定预防规模性返贫责任,确保组织领导不缺位、政策机制不脱节、压紧责任不脱实、压实工作不脱岗、精准帮扶不脱钩,有效巩固脱贫攻坚成果成效,坚决守住不发生规模性返贫的底线。

三、守牢两条底线关键在于深化农业农村改革和城乡融合发展

要守牢粮食安全和不发生规模性返贫这两条底线，就必须深化农业农村改革，健全城乡融合发展体制机制。

（一）畅通城乡要素循环

畅通城乡要素循环，重点是推进县域内城乡融合发展、促进城乡人力资源双向流动、优化城乡土地资源配置、引导社会资本投向农业农村等。

1. 推进落实县域内城乡融合发展

统筹谋划县域产业、教育、医疗、养老、环保等政策体系，加快推进县乡村公共基础设施建设运营管护一体化。通过强化县城综合服务能力和增强县城集聚人口功能，推进以县城为重要载体的城镇化建设，促进农民在县域内就近就业、就地城镇化。并通过扩权强镇、建设重点镇等方式，把乡镇建设成为服务农民的区域中心。

2. 促进城乡人力资源双向流动

建立健全乡村人才振兴体制机制，完善人才引进、培养、使用、评价和激励机制。建立健全城乡人才合作交流机制，推进城市教科文卫体等工作人员定期服务乡村。允许入乡就业创业人员在原籍地或就业创业地落户并享受相关权益，建立科研人员入乡兼职兼薪和离岗创业制度。健全农业转移人口市民化配套政策体系，完善财政转移支付与农业转移人口市民化挂钩相关政策，建立城镇建设用地年度指标分配同吸纳农村转移人口落户数量和提供保障性住房规模挂钩机制，促

进农业转移人口有序有效融入城市。依法保障进城落户农民农村土地承包权、宅基地使用权、集体收益分配权,建立农村产权流转市场体系,健全农户"三权"市场化退出机制和配套政策。

3. 优化城乡土地资源配置

建立健全城乡统一的建设用地市场,规范交易规则,完善有偿使用制度,构建统一的自然资源资产交易平台,纳入公共资源交易平台体系。规范开展城乡建设用地增减挂钩,完善审批实施程序、节余指标调剂及收益分配机制。完善盘活农村存量建设用地政策,实行负面清单管理,优先保障乡村产业发展、乡村建设用地。依据国土空间规划,以乡镇或村为单位开展全域土地综合整治。鼓励对依法登记的宅基地等农村建设用地进行复合利用,发展休闲农业、乡村民宿、农产品初加工、农村电商等。建立土地征收公共利益认定机制,缩小土地征收范围,规范征地程序。保障和规范农村一二三产业融合发展用地,鼓励各地根据地方实际和农村产业业态特点探索供地新方式。探索建立补充耕地指标跨区域交易机制。

4. 引导社会资本投向农业农村

深化"放管服"改革,持续改善乡村营商环境,引导和鼓励工商资本投入现代农业、乡村产业、生态治理、基础设施和公共服务建设。建立社会资本投资农业农村指引目录制度,发挥政府投入引领作用,支持以市场化方式设立乡村振兴基金,撬动金融资本、社会力量参与,重点支持乡村产业发展。在不新增地方政府隐性债务前提下,引导银行业金融机构把农村基础设施建设作为投资重点,拓展乡村建设资金来源渠道,加大对农村基础设施建设的信贷支持力度。

(二) 深化农村产权制度改革

深化农村产权制度改革,当前是要稳步推进农村承包地"三权分置"改革、稳慎推进农村宅基地制度改革、稳妥有序推进农村集体经营性建设用地入市等。

1. **稳步推进农村承包地"三权分置"改革**

有序开展第二轮土地承包到期后再延长30年试点,保持农村土地承包关系稳定并长久不变。丰富集体所有权、农户承包权、土地经营权的有效实现形式,发展多种形式适度规模经营。加强农村土地承包合同管理,完善农村土地承包信息数据库和应用平台,建立健全农村土地承包经营权登记与承包合同管理的信息共享机制。探索建立土地经营权流转合同网签制度,健全土地经营权流转服务体系。

2. **稳慎推进农村宅基地制度改革**

深化农村宅基地制度改革试点,加快建立依法取得、节约利用、权属清晰、权能完整、流转有序、管理规范的农村宅基地制度。探索宅基地所有权、资格权、使用权分置有效实现形式。保障农村集体经济组织成员家庭作为宅基地资格权人依法享有的权益,防止以各种形式非法剥夺和限制宅基地农户资格权。尊重农民意愿,积极稳妥盘活利用农村闲置宅基地和闲置住宅。规范开展房地一体的宅基地确权登记颁证,加强登记成果共享应用。完善农村宅基地统计调查制度,建立全国统一的农村宅基地数据库和管理信息平台。

3. **稳妥有序推进农村集体经营性建设用地入市**

在符合国土空间规划、用途管制和依法取得的前提下,积极探索实施农村集体经营性建设用地入市制度,明确农村集体经营性建设用地入市范围、主体和权能。严格管控集体经营性建设用地入市用途。允许农村集体在农民自愿前提下,依法把有偿收回的闲置宅基地、废弃的集体公益性建设用地转变为集体经营性建设用地入市。健全集体经济组织内部的增值收益分配制度,保障进城落户农民土地合法权益。

(三) 完善农业支持保护制度

完善农业支持保护制度包括：优化农业补贴政策、健全政府投入保障机制、健全农村金融服务体系、培育壮大新型农业经营主体、健全专业化社会化服务体系等。

1. 优化农业补贴政策

强化高质量发展和绿色生态导向，构建新型农业补贴政策体系。调整优化"绿箱""黄箱"和"蓝箱"支持政策，提高农业补贴政策精准性、稳定性和时效性。加强农产品成本调查，深化调查数据在农业保险、农业补贴、市场调控等领域的应用。

2. 健全政府投入保障机制

推动建立"三农"财政投入稳定增长机制，继续把农业农村作为一般公共预算优先保障领域，加大中央财政转移支付支持农业农村力度。制定落实提高土地出让收入用于农业农村比例考核办法，确保按规定提高用于农业农村的比例。督促推进各地区各部门进一步完善涉农资金统筹整合长效机制。加大地方政府债券支持农业农村力度，用于符合条件的农业农村领域建设项目。

3. 健全农村金融服务体系

完善金融支农激励机制，鼓励银行业金融机构建立服务乡村振兴的内设机构。支持涉农信用信息数据库建设，基本建成新型农业经营主体信用体系。扩大农村资产抵押担保融资范围，提高农业信贷担保规模，引导金融机构将新增可贷资金优先支持县域发展。加快完善中小银行和农村信用社治理结构，保持农村中小金融机构县域法人地位和数量总体稳定。实施优势特色农产品保险奖补政策，鼓励各地因地制宜发展优势特色农产品保险。稳妥有序推进农产品收入保险，健农业再保险制度。发挥"保险+期货"在服务乡村产业发展中的作用。

4. 培育壮大新型农业经营主体

实施家庭农场培育计划,把农业规模经营户培育成有活力的家庭农场。完善家庭农场名录制度。实施农民合作社规范提升行动,支持农民合作社联合社加快发展。完善新型农业经营主体金融保险、用地保障等政策。建立科研院所、农业高校等社会力量对接服务新型农业经营主体的长效机制。推动新型农业经营主体与小农户建立利益联结机制,推行保底分红、股份合作、利润返还等方式。

5. 健全专业化社会化服务体系

发展壮大农业专业化社会化服务组织,培育服务联合体和服务联盟,将先进适用的品种、投入品、技术、装备导入小农户。开展农业社会化服务创新试点示范,鼓励市场主体建设区域性农业全产业链综合服务中心。加快发展农业生产托管服务。推进农业社会化服务标准体系建设,建立服务组织名录库,加强服务价格监测。

(四)协同推进农村各项改革

农村各项改革千头万绪,当前要着重做好深化农村集体产权制度改革,完善产权权能,将经营性资产量化到集体经济组织成员,有效盘活集体资产资源,发展壮大新型农村集体经济。开展集体经营性资产股份自愿有偿退出试点。深化供销合作社综合改革。深入推进农垦垦区集团化、农场企业化改革,加强农垦国有农用地保护、管理和合理利用。继续深化集体林权、国有林区林场、草原承包经营制度改革。扎实推进农村综合改革。推动农村改革试验区集成创新,拓展试验内容,发挥好先行先试、示范引领作用。

1. 为什么说国家粮食安全问题至关重要？
2. 守住国家粮食安全要着重在哪些方面发力？
3. 如何理解"保障初级粮食产品供给是守住保障国家粮食安全底线的重大战略性问题"？
4. 什么是国家粮食安全产业带？
5. 何为"规模性返贫"？守住不发生规模性返贫底线要着重做好哪些工作？
6. 如何通过深化农业农村改革和健全城乡融合发展体制机制来守牢粮食安全和不发生规模性返贫这两条底线？

第七讲　防范化解金融风险
守住不发生系统性风险底线

防范化解经济领域可能出现的重大风险，重点是防控金融风险。习近平总书记强调，"金融是现代经济的核心""金融安全是国家安全的重要组成部分。"① 进入新发展阶段，构建新发展格局，要把防控金融风险放到更加重要的位置，强化底线思维，坚持问题导向，牢牢守住不发生系统性风险的底线。

一、清醒认识当前金融领域的风险挑战

金融是现代经济的血脉，对整个经济社会发展起着牵一发而动全身的作用。金融风险的传染性强、隐蔽性大，一旦突破安全底线就容易形成系统性风险，并对经济和社会发展的全局产生难以弥补的破坏性影响。当前，国际国内形势的变化也给经济发展特别是金融稳定带来诸多风险挑战，迫切需要强化底线思维。

从外部环境看，当前，世界大变局加速深刻演变，全球动荡源和风险点增多，全球经济预期增速下调，贸易保护主义、单边主义、逆全球化思潮不断有新的表现。由于我国经济已经深度融入经济全球化，

---
① 《习近平总书记关于金融工作的重要论述》，央视网 2017 年 7 月 17 日。

波谲云诡的国际政治经济形势无疑会对我国包括金融安全在内的经济安全带来诸多风险和挑战。

从国内经济发展看，总体形势是好的，但经济运行稳中有变、变中有忧，经济面临下行压力，各种结构性的深层次矛盾凸显。能否防控金融风险、守住金融安全底线，将直接影响我国政治、经济和社会稳定的大局。

从金融自身发展看，我国金融业的市场结构、经营理念、创新能力、服务水平还不适应经济高质量发展的要求。同时，随着人工智能、区块链、云计算、大数据等新一代信息技术加速突破和应用，科技驱动的各类金融创新不断涌现，但技术安全、责任主体难以认定，数据垄断等风险也如影随形。因此，必须坚持底线思维，提高防控能力，着力防范化解金融风险。

二、警惕金融领域的"黑天鹅"和"灰犀牛"事件

习近平总书记强调："我们必须始终保持高度警惕，既要高度警惕'黑天鹅'事件，也要防范'灰犀牛'事件。"[①]

所谓"黑天鹅"事件，是指难以预测、但会对经济发展全局产生负面影响甚至颠覆全局的小概率事件，本质上是受人类认知限制的信息不对称引发的风险。金融领域的"黑天鹅"事件，是指以市场趋势的突变为特征，即原有的市场趋势会毫无征兆地突然反转。由于其不可预测性，防范的工作重点是提高危机响应机制的效率，储备好应对危机的工具，留足应对危机的政策空间。

---

① 习近平：《提高防控能力着力防范化解重大风险 保持经济持续健康发展社会大局稳定》，《人民日报》2019年1月22日。

第七讲 防范化解金融风险 守住不发生系统性风险底线

未来一段时期,需警惕的"黑天鹅"事件主要是指在全球面临经济下行压力、贸易摩擦加剧的背景下,全球资本市场可能出现的大幅波动导致中国金融市场的波动等。

而"灰犀牛"事件,则是指对长期累积的结构性矛盾麻痹大意或无效治理,致使矛盾积重难返,进而对全局产生负面影响甚至颠覆全局的大概率事件,本质上是事前可知的"存量风险"。防范化解"灰犀牛"事件,关键在于行动力。要及早介入干预,有效遏制风险的累积。

过去一段时间,中国防范化解金融风险主要聚焦于影子银行、高房价、国有企业高杠杆、地方债务、违法违规集资等。经过一段时间的治理,影子银行、国有企业高杠杆、违法违规集资风险、地方显性债务总体得到遏制,但化解高房价、地方隐性债务风险则仍需久久为功,同时需对不良资产、债券违约、透明度不足等新的风险予以高度关注。

三、强化底线思维在防范金融风险中的重要作用

"备豫不虞,为国常道"。有效防范和化解金融风险,既要有防范风险的先手,也要有应对和化解风险挑战的高招;既要打好防范和抵御风险的有准备之战,也要打好化险为夷、转危为机的战略主动战。总的来讲,强化底线思维,构建金融风险的防范体系,应主要在以下几个方面发力:

(一)深化改革开放

守住金融安全的底线首先要靠全面深化改革,在积极作为中化解风险。要坚持房子是用来住的、不是用来炒的定位,坚持化解地方政

府隐性债务风险，坚持妥善处置"僵尸企业"，坚持健全货币政策和宏观审慎政策双支柱调控框架，提高金融市场透明度，深化金融供给侧结构性改革。同时，要根据国际经济金融发展形势变化和我国发展战略需要，研究推进新的开放举措，扩大金融高水平双向开放，以更加包容的姿态融入全球经济一体化，不断增强我国金融对国际金融环境的适应能力和全球竞争能力，不断提高开放条件下金融防控风险的能力。

（二）服务实体经济

金融是实体经济的血脉，为实体经济服务是金融的天职，也是防范化解重大金融风险的根本举措。正反两方面的经验告诉我们，金融的发展只有与实体经济紧密结合，只有建立在服务服从于实体经济的基础上，当好实体经济的"血库"，相互促进、共同发展，才能取得双赢。因此，服务好实体经济，服从服务于经济社会发展，不仅是稳金融的大原则、大方针和大方向，也是防范化解金融风险的必由路径，更是我国经济与金融健康稳定发展的重要前提和保证，必须坚持不懈。当前，要着重加快深化金融供给侧结构性改革，以金融体系结构调整优化为重点，优化融资结构和金融机构体系、市场体系、产品体系，为实体经济发展提供更高质量、更有效率的金融服务。

进一步看，实体经济健康发展是防范化解金融风险的基础。因此，要注重在稳增长的基础上防风险，强化财政政策、货币政策的逆周期调节作用，确保经济运行在合理区间，坚持在推动高质量发展中防范化解风险；要下大气力维护金融稳定，创造性地开展工作，不能因为教条而僵化不前，对风险束手无策，导致风险扩散甚至加剧；要继续实施稳健的货币政策，把好货币供给总闸门，保持流动性合理充裕，

第七讲　防范化解金融风险 守住不发生系统性风险底线

合理把握结构性去杠杆的力度和节奏；要高度重视逆周期调节，既充分考虑经济金融形势的新变化，做好预调微调，也要把握好度，决不搞"大水漫灌"；要服务于构建新发展格局这条主线，促进形成金融和实体经济的良性循环，在保持已取得成果的基础上，着力促使金融服务于新旧动能转化、解决中小微企业融资难融资贵、促进乡村振兴战略及民生领域。

（三）加强金融监管

防止发生系统性金融风险是金融工作的永恒主题。要把主动防范化解系统性金融风险放在更加重要的位置，科学防范，早识别、早预警、早发现、早处置。当前和今后一个时期，我们要紧密联系外部环境深刻变化和国内改革发展稳定面临的新情况新问题新挑战，充分认识防范化解重大风险的重要性和紧迫性，坚定信心、敢于担当、负起责任，切实做好防范化解重大金融风险的各项准备工作，努力提高防控能力。

具体来说，要在改革开放和创新发展中提高防范化解重大风险的能力与本领，在强监管、降杠杆、治乱象过程中建立健全防范化解重大风险的制度与机制，特别是要完善风险防控机制，建立健全风险研判机制、决策风险评估机制、风险防控协同机制、风险防控责任机制，筑牢我国经济和金融长期安全持续稳定发展的"钢铁长城"；要加强金融监管协调，补齐监管制度短板，做到"管住人、看住钱、扎牢制度防火墙"；要完善金融从业人员、金融机构、金融市场、金融运行、金融治理、金融监管、金融调控的制度体系，规范金融运行；要把主动防范化解系统性金融风险放在更加重要的位置，科学防范，早识别、早预警、早发现、早处置，着力防范化解重点领域风险，着力完善金融安全防线和风险应急处置机制；要筑牢市场准入、早期干预和处置退出这三道防线，把好风险防控的每一道关，健全金融风险责任担当机制，保障金融市场稳健运行。

四、坚决打好防范化解金融风险攻坚战

党的二十大报告强调，要"提高防范化解重大风险能力，严密防范系统性安全风险"。近年来，在以习近平同志为核心的党中央坚强领导下，防范化解金融风险攻坚战取得了关键进展。但是，突如其来的新冠肺炎疫情，严重影响了国内国际经济正常运转，增加了许多新的金融风险和挑战。我们没有退路，必须沉着应对，迎难而上，努力实现稳增长和防风险长期均衡，为全面建成社会主义现代化强国提供坚实的金融支撑。

（一）充分认识新冠肺炎疫情发生后金融领域出现的新的重大挑战

在经济全球化持续多年快速发展的背景下，各国经济金融相互依存度已达到很高水平。然而，令人遗憾的是，当前的国际社会合作氛围并不理想。近年来，少数发达国家自身经济结构持续恶化，导致社会阶层撕裂和对立，极端主义、民粹主义日益膨胀，贸易保护主义盛行，"退群""脱钩""断链"增多，并对我国公开采取打压和遏制战略。疫情发生后，有的国家自身应对不力，却以多种方式对外转移矛盾。美国将中国和其他一些国家的企业和机构列入"实体清单"，频频制造事端。这些做法危害了正常经贸合作，使全球经济复苏平添更多变数，金融稳定和金融安全都受到严重干扰。

当前，我们为应对疫情所采取的一系列宏观对冲政策十分必要，

执行中如遇新的异常情况还可能进一步加大力度。但也不能不看到，在资金面宽松背景下，企业、居民、政府都可能增加债务。利率下行一致性预期强化后，有可能助长杠杆交易和投机行为，催生新一轮资产泡沫。一些地方的房地产价格开始反弹，金融资源有可能再次向高风险领域集中。信用较差的借款人可能借延期还款等优惠政策恶意逃废债务，结构复杂的高风险影子银行也容易卷土重来。

一段时间以来，国际上许多国家特别是最发达国家，采取了强刺激做法。有的国家实行无限量化宽松政策，财政货币双管齐下，向市场释放大量流动性，向个人和企业直接融资或提供担保。短期看，这一做法有利于稳定经济与金融，但是中长期效果则存在很大不确定性。世界上没有免费的午餐，天下也没有不散的筵席。在以美元为主导的国际货币体系中，当前美国这种前所未有的无限量化宽松政策，实际上也消耗着美元的信用，侵蚀着全球金融稳定的基础，会产生难以想象的负面影响。新兴经济体可能面临输入性通胀、外币资产缩水、汇率和资本市场震荡等多重压力。更严重的是，世界可能再次走到全球金融危机的边缘。

此外，近些年迅速发展的金融科技，既为我们带来许多机遇，也带来很大挑战。我国金融科技在部分领域位居世界前列，在风险防控方面没有现成经验可以借鉴。由于大数据、云计算、人工智能等高新技术广泛应用，传统金融风险的表现形式、传染路径发生深刻改变，数据安全等非传统风险日益突出。这些风险具有较强的突发性、隐蔽性和破坏力，不能不引起我们高度警惕。

（二）提升金融服务质效，有序处置重点领域突出风险

面对复杂严峻的经济形势，我们要切实增强机遇意识和风险意识，

既要"稳定大局、统筹协调",进一步提升金融服务质效,推动经济发展尽快步入正常轨道,又要"分类施策、精准拆弹",有序处置重点领域突出风险,实现稳增长和防风险长期均衡。从现阶段来看,做好以下工作尤为重要。

1. 全力推动国民经济恢复正常循环

当前的首要任务是在严格防控疫情反弹的前提下,全面恢复产业循环、市场循环、经济社会循环。要紧扣"六稳""六保"任务,充分利用我国市场潜力大、储蓄资源多、国际合作范围广等有利条件,发挥好中央与地方各单位的积极性、主动性。强化财政、金融、就业、产业政策协同配合,特别要服务好中小微企业等各类市场主体,打通生产、分配、流通、消费各环节,促进形成以国内大循环为主体、国内国际双循环相互促进的新发展格局。

2. 加快金融供给侧结构性改革

金融是现代经济的核心和血脉,是资源配置和宏观调控的重要工具。金融搞好了,一着棋活,全盘皆活。在经济供给侧结构性改革中,金融供给侧结构性改革扮演着"棋眼"角色。要坚持社会主义市场经济改革方向,加快转变金融业发展方式。推动金融结构同经济社会发展相适应,促进融资便利化,降低实体经济成本,提高资源配置效率。健全金融机构法人治理,矫正大股东操纵和内部人控制两种不良倾向。不断完善资本市场基础制度,引导理财、信托、保险等,为资本市场增加长期稳定资金。加快养老保险第二和第三支柱建设,推动养老基金在资本市场上的占比达到世界平均水平。

3. 尽最大可能提早处置不良资产

信用风险是金融业最基础的风险,有毒资产是必须下决心切除的病灶,掩盖拖延只会贻误治疗,最终带来严重后果。金融机构要采取更审慎的财务会计制度,做实资产分类,充分暴露不良资产。日常监管上,要利用拨备监管要求下调腾出的财务空间,加大不良资产处置。制定切合实际的收入和利润计划,增加拨备计提和资本补充。疏通不良资产处置的政策堵点,为提高金融体系稳健性创造更有利条件。

4. 防止高风险影子银行反弹回潮

影子银行风险"燃点低"、"烈度大",如有风吹草动,就可能形成"燎原之势",贻害无穷。目前,影子银行经过不懈治理,风险得到一定程度控制,但生存的土壤尚未完全铲除,稍一放松监管,极有可能全面回潮,导致前功尽弃。要保持战略定力,对高风险业务保持高压态势,突出简单、透明原则,规范交叉金融产品,做到公募产品与私募产品边界清晰,表内业务与表外业务风险隔离,委托业务与自营业务分账经营,储蓄产品和投资产品泾渭分明。努力实现股票市场、债券市场、信贷市场与货币市场职责清晰、分工有序。同时,要持续整治互联网金融风险,严厉打击非法集资等违法违规金融活动。

5. 及时处置不同类型机构风险

针对不同风险的机构,精准有效施策。对高风险金融集团,依照既定方案和分工依法依规处置。抓紧研究提出国内系统重要性银行名单,对于名单内的金融机构,组织制定恢复与处置计划。要建立高效的问题机构风险处置机制。金融机构履行主体责任,股东特别是主要股东要承担重要责任。地方党委政府履行属地责任,要把落实地方党的领导责任、地方国有金融资本管理责任、辖区风险处置责任和维护社会稳定责任紧密结合起来。金融管理部门履行监管主体责任。健全存款保险制度和机构体系,充分发挥早介入、早预警、早处置的作用。

6. 稳步扩大金融业对外开放

按照自主、有序、平等、安全的方针,在确保金融主权的前提下,努力实现更高层次的金融开放。加快构建公开透明、稳定可预期的监管政策环境，鼓励中外金融机构平等竞争、深化合作、互相借鉴、促进创新。提高开放条件下的宏观金融管理和防控风险能力，及时发现并有效阻遏外部冲击向国内扩散。积极参与国际金融治理和监管规则制定，加强宏观政策国际协调，提高国际话语权。

7. 切实加强金融消费者教育和保护

加强金融知识普及，让城乡居民都懂得，投资是有风险的，世界上没有高回报低风险的金融产品，更没有所谓"稳赚不赔"的理财项目，宣扬"保本高收益"就是金融诈骗。机构和个人投资者都要树立价值投资、理性投资和风险防范意识。弘扬契约精神，强化法治意识，坚持依法办事，提高违法成本。简化产品结构，严格客户分层，如实通报风险。强化信息披露，提高市场透明度。加快社会信用体系建设，进一步健全失信联合惩戒机制，及时纠正误导金融消费者的各种违法违规行为。

8. 进一步加强党对金融工作的领导

做好金融工作，最根本的一条，就是要坚持党的集中统一领导，这是我们最大的制度优势。从近些年工作实践中可以看到，金融领域发生一系列风险事件和腐败案件，最主要的原因在于党的领导和党的建设严重弱化、缺失。近年来，拆除金融风险点的经验表明，加强党的领导是最根本最有效的措施。凡实施风险处置和重组的金融机构，原则上都应成立临时党组织。对股权关系复杂的风险机构，首先压实党的领导责任。要严厉打击金融腐败，坚决查处风险背后的利益勾结，把查办案件、防控风险、挽回损失、堵塞漏洞、重塑文化有机结合起来，加快构建金融业健康发展的长效机制。

第七讲 防范化解金融风险 守住不发生系统性风险底线

五、牢牢守住不发生系统性风险底线

党中央明确要求，疫情要防住、经济要稳住、发展要安全。有效管控重点风险，守住不发生系统性风险底线，是当前及今后一个时期的重中之重。

当前，防范金融风险面临新的严峻形势。全球疫情仍处于高位，国际地缘政治冲突升级，能源及商品价格上涨，全球金融市场动荡，不稳定性不确定性增多。国际金融市场波动也可能给国内市场带来影响。在这样的情况下，对于防范化解和有效管控重点领域风险，必须提高认识，未雨绸缪，提前做好应对，守住不发生系统性风险底线。

要把主动防范化解系统性风险放在更加重要的位置。党中央、国务院以及相关金融监管部门均反复强调，要守住不发生系统性风险的底线，要压实地方、金融监管、行业主管等各方责任，多方统筹协调，提高跨市场、跨行业风险应对能力，按照稳定大局、统筹协调、分类施策、精准"拆弹"的方针，抓好风险处置工作。

要坚持问题导向，有效管控好重点风险领域。房地产业规模大、链条长、涉及面广，对经济金融稳定和风险防范具有重要的系统性影响。要坚持房子是用来住的、不是用来炒的定位，促进房地产市场平稳健康发展。资本市场稳定关系到金融稳定和社会稳定，要稳步推进股票发行注册制改革，积极引入长期投资者，保持资本市场平稳运行。要完成平台经济专项整改，实施常态化监管，出台支持平台经济规范健康发展的具体措施，促进平台经济健康发展。

要加强金融法治建设，运用市场化、法治化方式化解风险隐患。随着我国经济不断融入世界，金融活动也越来越受到国际经济、金融运行的影响，唯有选择市场化、法治化的手段来应对，才能减少系统性风险发生的可能性。目前，我国的货币市场、资本市场、保险市场、理财市场等都已经基本上实现了市场化运行。同时，也制定并不断完善了《中国人民银行法》《银行业监督管理法》《证券法》《保险法》等基本法规。2022年4月6日，《中华人民共和国金融稳定法（草案征求意见稿）》向社会征求意见，旨在进一步筑牢金融安全网，坚决守住不发生系统性风险的底线。

要深化对金融本质和规律的认识，加大金融服务实体经济力度。根据实体产业特点和金融需求，有针对性地做好金融支持、服务工作。要加大金融对于中小企业的支持力度，引导资金流向战略性新兴产业、科技创新、农业以及民生等重点领域和薄弱环节。

居安思危，知危图安，方能防患于未然。广大党员干部特别是领导干部要以"时时放心不下"的责任感，下好先手棋，打好主动仗，做到抓早抓小，早识别、早预警、早处置，坚决防止各类"黑天鹅""灰犀牛"事件发生，坚决守住不发生系统性风险的底线。

学习与思考

1. 如何理解防控金融风险的特别重要性？
2. 金融领域中"黑天鹅"和"灰犀牛"是指什么？
3. 如何发挥坚持底线思维在防范化解金融风险中的重要作用？
4. 打好防范化解金融风险攻坚战要着重做好哪些工作？
5. 如何守住不发生系统性风险底线？
6. 结合实际谈谈如何在工作中未雨绸缪、下好先手棋，防止可能出现的风险。

第八讲　守住教育公平底线
　　　发展公平而有质量的教育

教育是最大的民生，对于一个有着 14 亿多人口的大国来说，尤为如此。教育公平作为社会公平的重要基础，是人类社会自古以来一直追求的理念，今天在全面建设社会主义现代化国家的新发展阶段，更需要坚定不移守住教育公平底线，努力让每一个孩子都能享有公平而有质量的教育，不断提升人民群众的获得感、幸福感、安全感。

一、教育公平的涵义

教育公平是指国家对教育资源进行配置时所依据的合理性的规范或原则。

（一）教育公平的三个层次

第一个层次是受教育的起点公平，即人人都享有平等的受教育的机会，这是实现教育公平的基础。我国目前实施的义务教育制度，就是为了确保所有适龄儿童都能接受教育，并通过国家的资助政策体系切实保障贫困家庭儿童也能拥有受教育的机会。

第二个层次是受教育的过程公平，即人人都享有相对平等的受教育条件，这是对实现教育公平提出的进一步要求。客观上来说，就是通过教育资源的均衡配置，促进学生在受教育过程中的资源平等。国家启动一系列学校标准化建设工程、完善教师管理制度、提高农村地区教师待遇，就是为了解决不同地区存在的教育公平问题。主观上来说，需要提高教师的教育公平意识和教育能力，做到不徇私、不偏袒、公正平等地对待每一位学生。

第三个层次是受教育的结果公平，即教育成功机会和教育效果的相对均等，这是教育公平的终极追求。不同的学生在接受同一个水平的教育后，能够达到一个基本的标准。这要求我们要尊重学生的差异性，满足学生的个性发展需求，使学生能力得到充分的提升。国家一再强调，职业教育是和普通教育并重的教育体系，加快职业教育改革，就是为了追求教育的结果公平，学生可以在自己的兴趣和能力基础上选择不同的教育模式。

"以教育公平促进社会公平正义"，这是我国新时代教育发展的价值追求，也是实现教育现代化的必经之路。只要通过对教育政策和制度的完善、教育权力的监督、教育质量的提升，确保每个公民都能享受公正平等的高质量教育，则教育公平发展的国家战略就一定能够得到有效落实。

(二) 教育公平应坚持的基本原则

教育公平，字字千金，承载亿万家庭对于幸福的期盼。

1. 教育公平要明道德

教育公平底线跟道德底线不谋而合。古人云：君子爱财，取之有道，用之有度。每个人都有争取自己幸福和未来的权利，希望自己变好是人之常情，但是突破道德红线，不顾是非曲直，去占有、换取、

第八讲 守住教育公平底线 发展公平而有质量的教育

破坏他人教育公平机会就是不道德的行为。道德红线是坚守教育公平底线的第一道防线，必须用道德警醒自己，约束行为，从小灌输教育公平的重要性，清楚"举头三尺有神明"，设身处地为他人着想，明白"窃取"来的果实既不"甜"还"噎"人。

2. 教育公平要守法律

凡是事实都会留下痕迹，法律的高线是一道高压线，任何人都不得去触碰。教育公平是法的正义价值和人权价值在教育领域的体现，是政治、经济领域的公平权利在教育领域的延伸。教育公平必须明确纳入法律范畴，明确相关内容，做到有法可依，违法必究，让法律的威慑为教育公平保驾护航。

3. 教育公平要谋发展

公平的教育，是让更多优秀的人有发光发亮的机会，让更多适合的人去做本该属于他们的事情，让所有敢于追梦、圆梦的人都拥有属于自己的好梦，共同编制一个美好中国梦。

总之，教育公平是"不拘一格降人才"的"保护伞"，是"天降大任于斯人也"的"起跑线"，是"吾将上下而求索"的"竞技场"。只有坚持透明、公开，个人、社会、国家三方努力，才能让教育在"阳光"中进行，不让那些付出汗水的人，在不公平的阴霾中流血又流泪，同时，给那些想要以身涉险的"投机分子""侥幸者"戴上一个"紧箍咒"。

二、促进教育公平的基本要求、根本措施和关键环节

教育公平是社会公平的重要基础，促进教育公平是维系社会公平正义的基石。当前我国正处于实现中华民族伟大复兴的关键时期，促

进教育公平、减少教育歧视,这对提升社会公平正义,实现社会稳定都有着重要的现实意义。

(一)促进教育公平的基本要求是保障公民依法享有受教育的权利

促进教育公平,要以基本公共教育服务均等化为目标,不断扩大和切实保障基本的教育机会公平。在义务教育阶段,要着力健全义务教育均衡发展保障机制,巩固免费义务教育的普及成果,统筹城乡义务教育发展,着重推进农村义务教育学校标准化建设,确保适龄儿童少年接受良好义务教育。在其他教育阶段,要切实落实政府在办好学前教育中的责任,加快构建覆盖城乡、布局合理的学前教育公共服务体系。在基本普及高中阶段教育进程中,将主要面向未成年人的中等职业教育作为基础性普惠性教育服务纳入基本公共教育服务范围,逐步实行中等职业教育免费制度,努力让广大人民群众共同享有更加均等化的基本公共教育服务。

(二)促进教育公平的根本措施是合理配置教育资源

促进教育公平,重点是继续加强薄弱环节和关键领域,进一步缩小城乡、区域教育发展差距,通过合理配置教育资源尤其是财政投入为主的公共教育资源,重点向农村、边远、贫困、民族地区倾斜,积极推进困难地区办学条件尽快达到国家基本标准,不断完善国家教育资助政策体系,使其有效全面覆盖各级各类学校的困难群体。

(三)促进教育公平的关键环节是坚持教育制度规则公平

促进教育公平是复杂的社会系统工程,教育制度规则公平对于教育公平至关重要。要努力办好人民满意的教育,就必须健全保障教育公平的规则程序。各级政府和教育行政部门在实施重大教育政策及改革举措前,要坚持问政于民、问需于民、问计于民,通过预设规则程序征求社会意见,完善督导制度和监督问责机制,各级各类学校继续做好校务公开、财务公开,实施招生考试"阳光工程",建设现代学校制度,积极发挥社会组织在教育公共治理中的作用。此外,民办教育是我国教育事业发展的重要增长点和促进教育改革的重要力量,按照党的鼓励引导社会力量兴办教育的要求,要在大力支持和依法管理民办教育方面作出不懈努力,支持社会力量积极探索办学体制和育人模式创新,提高质量办出特色。这都需要全面推进依法治教和依法治校,坚持用规范管理维护教育公平,为努力办好人民满意的教育奠定更好制度基础,营造更好社会氛围。

三、新时代我国实现教育公平的基本路径

新中国成立以来,我国坚持以为民理念引领公平,以优先发展促进公平,以惠民政策保障公平,以规范管理维护公平,在一个一穷二白、人口众多、发展不平衡的国家迅速推进教育公平,有效阻止了贫困的代际传递,成为我国发展史上的鲜亮标志与华彩乐章。新时代我国教育的主要矛盾,转变为人民群众对更好更公平教育的需要与不平衡、不充分的教育发展之间的矛盾,我们要以习近平新时代中国特色社会主义思想为指导,坚持以人民为中心的教育发展理念,进一步深层次推进教育公平。

一是在共同富裕中推进教育公平。要从面上继续优化教育资源配置,进一步缩小区域、城乡、校际差距,特别是加大对革命老区、民族地区、边远地区、刚脱贫地区教育投入力度,进一步保障这些地区

的办学经费。要加大职业教育发展力度，提升职业教育发展质量。坚持以精准、全纳促公平，建立、完善、应用以学籍为基础的全国学生资助信息管理系统，实现与人口、民政、扶贫等部门信息系统的对接，精准识别资助对象，精准帮扶困难群体，把钱花在对特定人群特殊困难的针对性帮扶上，更好实现家庭经济困难学生资助全覆盖。要进一步构建政府主导、家校联动、社会参与的留守儿童关爱服务体系，为每一位符合条件的随迁子女提供平等入学升学机会。落实"一人一案"，提高残疾儿童少年义务教育入学率。

二是进一步在立德树人中推进教育公平。教育是培养人的事业，是立德树人的事业，是让人成长和幸福的事业。我们要全面贯彻党的教育方针，坚持马克思主义指导地位，贯彻习近平新时代中国特色社会主义思想，坚持社会主义办学方向，落实立德树人的根本任务，坚持教育为人民服务、为中国共产党治国理政服务、为巩固和发展中国特色社会主义制度服务、为改革开放和社会主义现代化建设服务，扎根中国大地办教育，同生产劳动和社会实践相结合，加快推进教育现代化、建设教育强国、办好人民满意的教育，努力培养担当民族复兴大任的时代新人，培养德智体美劳全面发展的社会主义建设者和接班人。我们要着力构建德智体美劳全面培养的教育体系，在坚定理想信念上下功夫，在厚植爱国主义情怀上下功夫，在加强品德修养上下功夫，在增长知识见识上下功夫，在培养奋斗精神上下功夫，在增强综合素质上下功夫，创新人才培养方式，努力形成更高水平的人才培养体系。我们要始终加强党对教育事业的全面领导，全面加强教育系统党的建设与思想政治工作，用"四个意识"导航，用"四个自信"强基，用"两个维护"铸魂，为中国特色社会主义教育提供根本保证，坚持纵向衔接、横向协同，坚持全员育人、全方位育人、全过程育人，

第八讲　守住教育公平底线 发展公平而有质量的教育

在党的领导下形成学校、家庭、政府、社会育人合力，更好立德树人。

三是进一步在内涵发展中推进教育公平。我国教育已经进入高质量发展、内涵发展的新阶段，由大到强，就是我国教育发展的重要阶段性特征。在推进新时代教育公平上，在扩大教育机会的同时，要坚持以提标提质促公平，进一步注重有质量的公平、高质量的公平，进一步注重内涵性教育公平、教育内部的公平，在幼有所育、学有所教上不断取得新进展，在学有良教、学有优教上不断取得新进展，发展中国特色、世界先进水平的优质教育。这就要求我们着力促进学前教育优质普惠发展、义务教育优质均衡发展、高中教育优质特色发展、特殊教育优质融合发展、职业教育产教融合发展、高等教育产学研用创新发展和协同发展。这就要求我们面向全体，因材施教，促进学生全面而有个性的发展，因为世界上没有两片完全相同的树叶，老师面对的是一个个性格爱好、脾气秉性、兴趣特长、家庭情况、学习状况不一的学生，不能因为有的学生不讨自己喜欢、不对自己胃口就冷淡、排斥，更不能把学生分为三六九等。要平等对待每一个学生，尊重学生的个性，理解学生的情感，包容学生的缺点和不足，善于发现每一个学生的长处和闪光点，不是选择适合教育的儿童，而是创造适合儿童的教育，为每个学生提供适合的教育，让所有学生都成长为有用之才。这就要求我们进一步坚持教育优先发展，坚持组织领导优先、规划优先、投入和资源配置优先，加快城乡义务教育学校标准化建设，提高各级各类学校办学条件标准和生均经费标准，为教育事业发展提供更雄厚的物质基础和办学条件。这就要求我们把加强教师队伍建设作为教育事业发展最重要的基础工作来抓，努力建设一支有理想信念、有道德情操、有扎实学识、有仁爱之心的高素质、专业化、创新型的教师队伍。

四是进一步在深化改革中推进教育公平。教育要发展，根本靠改革；公平要深化，也要靠改革。要深化管理和治理改革。坚持以制度、规则促公平，进一步建立城乡教育一体化的体制机制，进一步实现基本公共服务常住人口全覆盖。坚持以开放、融合促公平，促进教育系统向社会开放，学校回归社区，教育回归生活；促进教育系统内部开放，打通普通教育与职业教育、学历教育与非学历教育、正规教育与非正规教育、职前教育与职后教育、线上教育与线下教育、公办教育与民办教育之间的壁垒，形成统一开放的教育体系。坚持以共建、共享促公平，在党的领导下发动社会各方面力量参与兴办和管理教育，提升公共教育服务治理和供给水平，让人民群众共享教育改革发展的成果。要深化课程和教学改革。课程是教育的重要载体，是国家意志、国家大事，是实现人的全面发展的重要依托，要优化课程结构，进一步增强基础性和选择性；优化课程内容，进一步增强思想性和时代性；优化课程实施，进一步增强整体性和指导性，培育中国学生发展核心素养。教学要坚持教书育人、立德树人，坚持学习者中心，更加注重学思结合，让启发式、讨论式、体验式、探究式、参与式、互动式教学和研究性学习、问题解决学习成为常态；更加注重因材施教，创新教学组织管理，有序推进选课走班教学，逐步让走班制、学分制、导师制成为常态；更加注重知行合一，让科学实验课、综合实践活动课、劳动课和社会实践课成为常态；更加注重信息技术与教育教学的深度融合，让交互式、自适应、线下与线上相融合的学习成为常态。要深化考试和评价改革。考试和评价是牵引教育改革的"牛鼻子"。要坚持促进公平和科学选才的原则，推动分类考试、综合评价、多元录取。要扭转不科学的教育评价导向，坚决克服唯分数、唯升学、唯文凭、唯论文、唯帽子的顽瘴痼疾，从根本上解决教育评价指挥棒问题。

第八讲　守住教育公平底线　发展公平而有质量的教育

四、以教育现代化推动持续高质量的教育公平

习近平总书记指出："我们要从党和国家事业发展全局的高度，全面贯彻党的教育方针，坚持优先发展教育事业，坚守为党育人、为国育才，努力办好人民满意的教育，在加快推进教育现代化的新征程中培养担当民族复兴大任的时代新人。要坚持社会主义办学方向，把立德树人作为教育的根本任务，发挥教育在培育和践行社会主义核心价值观中的重要作用，深化学校思想政治理论课改革创新，加强和改进学校体育美育，广泛开展劳动教育，发展素质教育，推进教育公平，促进学生德智体美劳全面发展，培养学生爱国情怀、社会责任感、创新精神、实践能力。"[①] 中国特色社会主义进入新时代，教育的基础性、先导性、全局性地位和作用更加凸显。加快向创新型国家迈进，建设现代化经济体系，建设富强民主文明和谐美丽的社会主义现代化强国，实现中华民族伟大复兴的中国梦，满足人民美好生活需要，必须加快教育现代化，把我国建设成为教育强国。

一是把学习贯彻习近平新时代中国特色社会主义思想作为首要任务，贯穿到教育改革发展全过程，落实到教育现代化各领域各环节。党的十八大以来，习近平总书记针对教育现代化提出了一系列具有引领性和方向性的新理念新思想新观点，为构建中国特色社会主义教育新发展格局和开辟中国特色社会主义教育发展新境界提供了根本遵循。准确把握我国教育新发展阶段，需要以习近平总书记关于教育的重要论述为指导，把这一新发展阶段放到中华民族伟大复兴战略全局和世

---

① 《习近平在教育文化卫生体育领域专家代表座谈会上的讲话》（2020年9月22日），《人民日报》2020年9月23日。

界百年未有之大变局中来加以审视，深刻认识错综复杂的国际环境对教育事业发展带来的新矛盾新挑战，深刻认识我国社会主要矛盾变化给教育事业发展带来的新特征新要求，深刻认识实现中华民族伟大复兴对教育事业发展提出的新使命新任务，紧密结合全面建设社会主义现代化国家新征程去统筹谋划、整体部署、协调推进教育事业发展。

二是发展中国特色世界先进水平的优质教育。全面落实立德树人根本任务，广泛开展理想信念教育，厚植爱国主义情怀，加强品德修养，增长知识见识，培养奋斗精神，不断提高学生思想水平、政治觉悟、道德品质、文化素养。增强综合素质，树立健康第一的教育理念，全面强化学校体育工作，全面加强和改进学校美育，弘扬劳动精神，强化实践动手能力、合作能力、创新能力的培养。完善教育质量标准体系，制定覆盖全学段、体现世界先进水平、符合不同层次类型教育特点的教育质量标准，明确学生发展核心素养要求。完善学前教育保教质量标准。建立健全中小学各学科学业质量标准和体质健康标准。健全职业教育人才培养质量标准，制定紧跟时代发展的多样化高等教育人才培养质量标准。建立以师资配备、生均拨款、教学设施设备等资源要素为核心的标准体系和办学条件标准动态调整机制。加强课程教材体系建设，科学规划大中小学课程，分类制定课程标准，充分利用现代信息技术，丰富并创新课程形式。健全国家教材制度，统筹为主、统分结合、分类指导，增强教材的思想性、科学性、民族性、时代性、系统性，完善教材编写、修订、审查、选用、退出机制。创新人才培养方式，推行启发式、探究式、参与式、合作式等教学方式以及走班制、选课制等教学组织模式，培养学生创新精神与实践能力。大力推进校园文化建设。重视家庭教育和社会教育。构建教育质量评估监测机制，建立更加科学公正的考试评价制度，建立全过程、全方

第八讲 守住教育公平底线 发展公平而有质量的教育

位人才培养质量反馈监控体系。

三是推动各级教育高水平高质量普及。以农村为重点提升学前教育普及水平，建立更为完善的学前教育管理体制、办园体制和投入体制，大力发展公办园，加快发展普惠性民办幼儿园。提升义务教育巩固水平，健全控辍保学工作责任体系。提升高中阶段教育普及水平，推进中等职业教育和普通高中教育协调发展，鼓励普通高中多样化有特色发展。振兴中西部地区高等教育。提升民族教育发展水平。

四是实现基本公共教育服务均等化。提升义务教育均等化水平，建立学校标准化建设长效机制，推进城乡义务教育均衡发展。在实现县域内义务教育基本均衡基础上，进一步推进优质均衡。推进随迁子女入学待遇同城化，有序扩大城镇学位供给。完善流动人口子女异地升学考试制度。实现困难群体帮扶精准化，健全家庭经济困难学生资助体系，推进教育精准脱贫。办好特殊教育，推进适龄残疾儿童少年教育全覆盖，全面推进融合教育，促进医教结合。

五是构建服务全民的终身学习体系。构建更加开放畅通的人才成长通道，完善招生入学、弹性学习及继续教育制度，畅通转换渠道。建立全民终身学习的制度环境，建立国家资历框架，建立跨部门跨行业的工作机制和专业化支持体系。建立健全国家学分银行制度和学习成果认证制度。强化职业学校和高等学校的继续教育与社会培训服务功能，开展多类型多形式的职工继续教育。扩大社区教育资源供给，加快发展城乡社区老年教育，推动各类学习型组织建设。

六是提升一流人才培养与创新能力。分类建设一批世界一流高等学校，建立完善的高等学校分类发展政策体系，引导高等学校科学定位、特色发展。持续推动地方本科高等学校转型发展。加快发展现代职业教育，不断优化职业教育结构与布局。推动职业教育与产业发展有机衔接、深度融合，集中力量建成一批中国特色高水平职业院校和专业。优化人才培养结构，综合运用招生计划、就业反馈、拨款、标准、评估等方式，引导高等学校和职业学校及时调整学科专业结构。加强创新人才特别是拔尖创新人才的培养，加大应用型、复合型、技术技能型人才培养比重。加强高等学校创新体系建设，建设一批国际一流的国家科技创新基地，加强应用基础研究，全面提升高等学校原始创新能力。探索构建产学研用深度融合的全链条、网络化、开放式协同创新联盟。提高高等学校哲学社会科学研究水平，加强中国特色新型智库建设。健全有利于激发创新活力和促进科技成果转化的科研体制。

七是建设高素质专业化创新型教师队伍。大力加强师德师风建设，将师德师风作为评价教师素质的第一标准，推动师德建设长效化、制度化。加大教职工统筹配置和跨区域调整力度，切实解决教师结构性、阶段性、区域性短缺问题。完善教师资格体系和准入制度。健全教师职称、岗位和考核评价制度。培养高素质教师队伍，健全以师范院校为主体、高水平非师范院校参与、优质中小学（幼儿园）为实践基地的开放、协同、联动的中国特色教师教育体系。强化职前教师培养和职后教师发展的有机衔接。夯实教师专业发展体系，推动教师终身学习和专业自主发展。提高教师社会地位，完善教师待遇保障制度，健全中小学教师工资长效联动机制，全面落实集中连片特困地区生活补助政策。加大教师表彰力度，努力提高教师政治地位、社会地位、职业地位。

八是加快信息化时代教育变革。建设智能化校园，统筹建设一体化智能化教学、管理与服务平台。利用现代技术加快推动人才培养模式改革，实现规模化教育与个性化培养的有机结合。创新教育服务业

第八讲 守住教育公平底线 发展公平而有质量的教育

态,建立数字教育资源共建共享机制,完善利益分配机制、知识产权保护制度和新型教育服务监管制度。推进教育治理方式变革,加快形成现代化的教育管理与监测体系,推进管理精准化和决策科学化。

九是开创教育对外开放新格局。全面提升国际交流合作水平,推动我国同其他国家学历学位互认、标准互通、经验互鉴。扎实推进"一带一路"教育行动。加强与联合国教科文组织等国际组织和多边组织的合作。提升中外合作办学质量。优化出国留学服务。实施留学中国计划,建立并完善来华留学教育质量保障机制,全面提升来华留学质量。推进中外高级别人文交流机制建设,拓展人文交流领域,促进中外民心相通和文明交流互鉴。促进孔子学院和孔子课堂特色发展。加快建设中国特色海外国际学校。鼓励有条件的职业院校在海外建设"鲁班工坊"。积极参与全球教育治理,深度参与国际教育规则、标准、评价体系的研究制定。推进与国际组织及专业机构的教育交流合作。健全对外教育援助机制。

十是推进教育治理体系和治理能力现代化。提高教育法治化水平,构建完备的教育法律法规体系,健全学校办学法律支持体系。健全教育法律实施和监管机制。提升政府管理服务水平,提升政府综合运用法律、标准、信息服务等现代治理手段的能力和水平。健全教育督导体制机制,提高教育督导的权威性和实效性。提高学校自主管理能力,完善学校治理结构,继续加强高等学校章程建设。鼓励民办学校按照非营利性和营利性两种组织属性开展现代学校制度改革创新。推动社会参与教育治理常态化,建立健全社会参与学校管理和教育评价监管机制。

"发展更加公平更有质量的教育",是站在新起点上的中国教育前进的方向。只要我们坚持在"更加公平"和"更有质量"这两个关键环节上狠下功夫，就一定能以办好人民满意教育的新成绩，让每个人获得发展自身、奉献社会、造福人民的能力；也一定能以加快推进教育现代化、建设教育强国的新成效，为全面建设社会主义现代化强国、实现中华民族伟大复兴，提供强有力的人才智力支撑。

1. 教育公平的基本涵义是什么？
2. 守住教育公平底线要坚持哪些原则？
3. 促进教育公平的基本要求、根本措施、关键环节各是哪些？
4. 新时代我国实现教育公平的基本路径有哪些？
5. 如何通过教育现代化来推动持续高质量的教育公平？

第九讲　高度重视安全健康 守护人民生命底线

习近平总书记指出："人民健康是社会文明进步的基础，是民族昌盛和国家富强的重要标志，也是广大人民群众的共同追求。"①"要把人民健康放在优先发展战略地位，努力全方位全周期保障人民健康，加快建立完善制度体系，保障公共卫生安全，加快形成有利于健康的生活方式、生产方式、经济社会发展模式和治理模式，实现健康和经济社会良性协调发展。"②党的十八大以来，党中央把维护人民健康摆在更加突出的位置，召开全国卫生与健康大会，确立新时代卫生与健康工作方针，印发《"健康中国2030"规划纲要》，发出建设健康中国的号召，明确了建设健康中国的大政方针和行动纲领，人民健康状况和基本医疗卫生服务的公平性可及性持续改善。

一、高度重视人民群众生命健康安全是党的初心和使命所系

中国共产党自成立之日起，就把保障人民健康同争取民族独立、人民解放的事业紧紧联系在一起。新中国成立后，毛泽东同志曾明确

---

① 《习近平在教育文化卫生体育领域专家代表座谈会上的讲话》（2020年9月22日），《人民日报》2020年9月23日。
② 《习近平在教育文化卫生体育领域专家代表座谈会上的讲话》（2020年9月22日），《人民日报》2020年9月23日。

指出："必须把卫生、防疫和一般医疗工作看作一项重大的政治任务。"我国人均预期寿命从1949年的35岁增长到现在的77岁，居民主要健康指标总体上优于中高收入国家平均水平，提前实现联合国千年发展目标。

"没有全民健康，就没有全面小康"①。党的十八大以来，以习近平同志为核心的党中央从党的事业全局和中华民族长远发展出发，将健康中国上升为国家战略，把人民健康放在优先发展的战略地位。

新冠疫情突如其来，习近平总书记一开始就明确要求把人民群众生命安全和身体健康放在第一位，坚决遏制疫情蔓延势头。党中央采取的所有防控措施，首先考虑的是不惜一切代价，尽最大努力防止更多群众被感染，尽最大可能挽救更多患者生命，着力提高收治率和治愈率，降低感染率和病亡率。

在疫情面前，人民群众最关心最关切的问题就是生命安全和身体健康。如何实现好、维护好、发展好最广大人民根本利益，如何有效回应人民群众最大关切，如何在疫情防控中切实发挥我国制度优势，如何把党的政治立场和为人民服务的宗旨落到实处，是对我国国家治理体系和治理能力现代化的一次检验和考验。在党中央坚强领导下，全国一盘棋，各项防控措施快速、有力、有序开展，全国上下形成了全面动员、全面部署、全面加强疫情防控工作的局面。从切实提高收治率和治愈率、降低感染率和病死率各项措施，到对医务人员身心健康和家属的人文关怀；从集中各方力量加强新冠肺炎药物等研发攻关，到落实人民群众生活必需品的米袋子、菜篮子；从主要领导干部要坚守岗位、靠前指挥、在防控疫情斗争中经受考验，到基层党组织和广大党员要发挥战斗堡垒作用和先锋模范作用；从及时发布权威信息、

---

① 习近平：《把健康"守门人"制度建立起来》，人民网－中国共产党新闻网2018年2月7日。

公开透明回应群众关切、为疫情防控工作提供有力法治保障，到构筑群防群治的严密防线，这些守护人民群众生命安全和身体健康的切实行动，无不表现出我们党至深至厚的人民情怀，给全社会带来了信心和温暖。

当前，由于工业化、城镇化、人口老龄化，由于疾病谱、生态环境、生活方式不断变化，我国仍然面临多重疾病威胁并存、多种健康影响因素交织的复杂局面，"看病难""看病贵"依然还是群众的"痛点"。推进健康中国建设，是党对人民的郑重承诺。把这项政治任务、德政工程摆上重要日程，强化责任担当，狠抓推动落实，就应当以习近平总书记重要指示精神为引领，在改革完善疾病预防控制体系上取得新突破，在增强早期监测预警能力、快速检测能力、应急处置能力、综合救治能力上取得新进展，努力推动各种医疗资源下沉，努力改善基层基础设施条件，提高基层防病治病和健康管理能力；集中力量开展关键核心技术攻关，加快解决一批药品、医疗器械、医用设备、疫苗等领域"卡脖子"问题，同时，持之以恒深入开展爱国卫生运动，以良好的生态环境和健康的生活方式，从源头上预防和控制重大疾病。

二、积极构建突发公共卫生事件应急管理体系

2020年2月14日，习近平总书记在主持召开中央全面深化改革委员会第十二次会议时发表重要讲话强调："确保人民群众生命安全和身体健康，是我们党治国理政的一项重大任务。"我们既要立足当前，科学精准打赢疫情防控阻击战，更要放眼长远，总结经验、吸取教训，针对这次疫情暴露出来的短板和不足，抓紧补短板、堵漏洞、强弱项，该坚持的坚持，该完善的完善，该建立的建立，该落实的落实，完善

重大疫情防控体制机制，健全国家公共卫生应急管理体系。

在所有公共卫生突发事件中，传染病是最主要的一类。由于传染病具有突发性和重大健康风险，建立科学全面的传染病防控应急管理体系具有重要的政治、社会和经济意义，是以人民为中心的发展思想在健康领域的重要实践。新冠肺炎疫情的发生，让建设更加完善、系统、规范的应急管理体系显得尤为紧迫。

传染病突发公共卫生事件应急管理最重要的是做好三个环节的关键工作：一是以防为先。即在体系上、思想上和环境上做好完备的预防工作，具体包括分级分层及时的预防体系建设、健康科普和群众健康素养的培养、病原体的源头控制等内容，并在此基础上建立强有力的监测、预警和报告系统。二是以控为核。传染病的发生发展是非常迅速的，必须在管控过程中及时应对，加强病原体、中间宿主、传播途径、人员流动和终端个体的全链条控制和防护，形成富有应变能力的防控体系，能迅速统筹社会资源，及时采取各类措施，控制疾病的扩散蔓延。三是以治为要。加强患病人群的确诊和分诊、临床救治、疫苗药物研发等技术储备，调整各类诊疗方案以快速应对，加强传染病的疫苗、检测产品、新药和其他医疗产品和技术的研发，提高临床救治水平。

通过对当前疫情防控中三个重要环节的细节分析，发现了一些需要提升的方面。一是在防的方面。尽管长期以来我国卫生服务现代化建设取得显著进展，但公民健康责任感与健康素养仍然不足，在应对重大疫情时矛盾尤为突出，一些无防护、高危行为、不健康行为屡屡出现，健康素养防线没有筑牢。突发传染病的防控应急管理体系建设多年，但由于缺乏针对重大新发疫情的演练，反应速度不够，预警机制也不完善，对最佳初始防控时机把握不够准确。一段时间内，部分

第九讲　高度重视安全健康　守护人民生命底线

信息和实践不够畅通，一些重要的防疫手段和程序没有严格实施，疫情相关的法治保障不足，没能有力阻击疫情的开端。二是在控的方面。此次疫情暴露出一线防疫和医护人员存在短缺、基础保障设施缺乏、战略物资储备不够、新型病毒疫情相关公众健康教育不足等问题，给疫情控制带来了难度。对病原体、中间宿主、传播途径、人员流动和终端个体等传播链条中各个环节的控制措施不够有力。对感染者、密切接触者的集中隔离和跟踪不够及时完备。三是在治的方面。重点地区医疗保障仍有短板，尤其在应对重大突发事件时，人员、物资等不能在第一时间高效率进行调配。在治疗初期，相关人员的防控意识不够充分，造成一定的感染风险。在治疗过程中，分诊、病程和治疗方案不够迅捷，未能和防控环节形成良好的信息和数据互动。

　　更为重要的是，防、控、治三者在抗击疫情过程中没能很好地结合和联动，反应速度偏慢，互相衔接的问题凸显出来。实际上，防控治三环节间的联动正是快速、有效阻断疫情发展进展的特效药。预防是基础土壤，平时的预防工作基础不牢就会带来控制和治疗环节的一系列漏洞，无法遏制疫情的发生。控制是核心环节，但如果不和上游的"防"结合为一体，忽视对下游"治"的过程的支持，会出现医疗过程中防护和控制不到位造成的感染，以及防疫经验、信息、样本和数据等未能给诊断、药物、疫苗的研发提供最快最有力的支持。治疗是关键手段，但医疗过程中往往关注病情和治疗方案，应反向考虑对整体人群防控工作的反馈，以及密切关注防控情况变化。由此可见，我们真正期望的是"防、控、治"联动的重大传染病突发公共卫生事件应急管理体系的建立健全。

　　这场战"疫"提醒我们，完善公共卫生应急管理体系不止在疫情防治阶段建立极其重要，更要求我们在社会治理中长期重视重大传染病防控工作，逐步建立"防、控、治"联动的重大传染病突发公共卫生事件应急管理体系。当然，这项工作也不可能一蹴而就，需要长期积累，扎实工作，尤其是需要重点做好以下工作。

第一，提高全体公民健康素养。健康不仅仅是没有疾病，而是身体、心理和社会适应的完好状态。当前对公众亟须加强应对疫情的科普宣传，通过编制手册、口袋书、新媒体等多种形式加大科普宣传力度。长期来看，为更好满足居民健康生活消费需求，应进一步培养居民健康素养和良好生活习惯，让公众学习掌握传染病防疫的基本知识和理念，具备应对突发传染病的基本技能。

第二，强化公共卫生法治保障。依法科学有序防控至关重要，应从立法、执法、司法、守法各环节发力，全面提高依法防控、依法治理能力，为疫情防控工作提供有力法治保障。首先，对我国已经出台的传染病防治相关法律要加大普法宣传。其次，各级党委和政府要全面依法履行职责，坚持运用法治思维和法治方式开展疫情防控工作。再次，完善立法制度。适时出台急需的法律法规，将携带病毒的野生动物列入禁食清单，对濒危野生动物划定区域严格保护。

第三，加快"防、控、治"联动体系建设。在以往应急管理体系的基础上，加强法律和制度保障，有效连接防、控、治三环节，实现全链条的疫情防控，同时重视演练和预警机制建设，能在关键时刻统筹协调资源、人员等多方面抗击疫情的力量，最终实现以防为先，防中带控；以控为核，防控结合；以治为要，治中抓控。

第四，推动政府主导、社会组织和民众共同行动。政府层面，应明确政府、社会组织和公众三个主体的分工与协作，强化属地责任，强化领导干部及相关管理主体的职责发挥到位，强化问责机制。着力解决疾控中心等单位面临的涉及全局的薄弱环节和共性问题，进一步提高预防和处置突发事件的综合能力。社会层面，充分发挥社会组织的作用。及时向疫区群众提供急需的援助，增强对捐赠物资的有效管理，完善社会信任体系。公众层面，动员民众广泛参与，利用好互联网线上平台及线下社区、居委会力量，凝聚人心，形成众志成城抗击疫情的合力。

第五，建设更加完善的联动防疫体系还需要继续做好同世界卫生组织以及有关国家和地区的沟通协调，促进疫情信息共享和防控策略协调。本着公开、透明和负责任的态度，加强同国际社会合作，赢得外部支持，共同打赢这场疫情防控总体战。

三、严守安全生产底线，奏响人民至上旋律

安全生产，重如泰山。关乎社会大众权利福祉，关乎经济社会发展大局，更关乎人民生命财产安全。党的十八大以来，党和国家高度重视安全生产，把安全生产作为民生大事，纳入全面建成小康社会的重要内容之中。新时代新征程，随着我国安全生产事业的不断发展，严守安全底线、严格依法监管、保障人民权益、生命安全至上已成为全社会共识。

(一) 聚底线之识

安全生产底线，是行业领域需要承担的责任，是政府部门需要兑现的诺言，是生产工作需要恪尽的职守，是人民群众需要获得的保障。纵观每一起重大安全生产事故，大多与缺乏"底线意识"有莫大的关系。无论是安全隐患的存在，还是违规违章的暴露，倘若多一分底线意识，重大安全生产事故发生的概率便会降低一分。

理念引导行动。党的十八大以来，底线意识逐渐成为重视的焦点，在一系列发布的文件中，"首次""第一""最严"等词汇频频出现：

《中共中央 国务院关于推进安全生产领域改革发展的意见》，是历史上第一个以党中央、国务院名义印发的安全生产文件；对事故责任单位的罚款最高可达2000万元，新《安全生产法》被称为"史上最严"……

法治措施越加严格，责任体制越加严密。底线意识也正在每一个政府部门、企业集团和个人的心中生根发芽：

在福建，要求始终把"发展决不能以牺牲安全为代价"的底线刻在心上，始终把人民的生命安全放在首位，始终把安全生产工作牢牢抓在手上；在江苏，南京板桥汽渡自1996年通渡以来，从制度、保障、预警三方面入手安全生产，倾力打造"平安渡"，连续19年无责任事故；在湖南，60多岁的娄底市娄星区万宝镇清江村前任党支部书记黄良生多年坚守，给村民讲安全，只为"让大家在心底拉起一条安全底线"……

意识先行，措施紧随。以底线意识为共识，以措施行动来落实。这是防止安全生产事故的大前提，也是保障安全生产工作的大方向。

（二）行法治之道

剖析每一起安全生产事故，法治观念的淡薄是重要的原因。违章违规操作，执法不严不公，不仅暴露出企业生产工作中潜在的问题，也暴露出监管部门执法工作中存在的短板。

党的十八大以来，一项项法律条例的推进落实，一部部专项措施的出台，安全生产立法体制机制日渐完善：

《矿山安全法》《安全生产法实施条例》《生产安全事故应急条例》

等立法工作稳步推进；建立了以 11 部有关专项法律、3 部司法解释、20 余部国家行政法规、30 余部地方性法规、100 余部部门规章、近 400 部安全行业标准为支撑的安全生产法律法规标准制度体系……

徒法不足以自行，唯有贯彻落实才能让法律权威落地生根。2017 年 7 月在全国开展的安全生产大检查，让隐匿在暗处的违法违规行为无所遁形：

在山东，山东某石化有限公司被查出存在违法违规问题 2 项，处罚金额达 1208 万元。这是自新《安全生产法》颁布实施以来，就安全隐患予以的最高罚款；在湖南，长沙某饲料有限公司因存在重大隐患、拒不执行安监部门停产停业决定，被采取停止供电等强制措施。

"严"字当头，"命"字在心，安全生产工作，仍处在爬坡过坎期，风大浪急，唯有坚如磐石的法治，才能作为安全生产这艘航船的压舱石。

（三）筑安全之基

安全生产重在强基固本。党的十八大以来，党和国家全面推进安全投入建设、建立安全科技支撑体系、健全安全宣传教育体系等措施，使安全投入不仅实现了数量飞跃，而且有了长效机制保证：

2015 年，国家专门设立了安全生产预防及应急专项资金，3 年滚动安排 89 亿元；《安全科技"四个一批"项目管理办法》《淘汰落后与推广先进安全技术装备目录管理办法》等文件发布，让保障安全的项目有了支撑；原国家安全生产监督管理总局在 246 家企业开展了试点工作，减少了危险岗位用工 9108 人……

加大安全投入，源自顶层设计，落实于地方各处。近几年来，专款购买安全服务、加强安全技术创新、加大宣传教育培训等方式百花

齐放,提高安全投入的理念在地方上落地生根:

在山东,淄博高新区每年设立100万元专项资金,用于向符合条件的企业发放购买安全服务的"安全券",小"安全券",发挥了大作用;在浙江,操作工们不用戴口罩就能穿梭在浙江万丰奥特集团的轮毂抛光车间内,这缘于公司研发的自动抛光生产线水性自动抛光工艺;在江西,作为高危行业企业的李渡烟花集团近10年实现了"零死亡",得益于持续不断的宣传教育培训,员工的专业化程度大幅度提升……

实践证明,抓生产安全如同滚石上山,是一场攻坚战、持久战,我们只有始终把安全生产摆到重要位置,树牢安全发展理念,严格落实安全整治各项责任措施,才能持续降低风险隐患,牢牢守住安全生产底线。新发展阶段,我们必须以更坚定的决心、更有力的举措、更广泛的动员,切实把安全生产工作抓严抓实,为全面建设社会主义现代化国家保驾护航。

学习与思考

1. 如何理解"没有全民健康,就没有全面小康"?
2. 为什么说"新冠肺炎疫情给我们上了一堂大健康课"?
3. "健康中国"有哪些重点内容?
4. 积极构建突发公共卫生事件应急管理体系应着重做好哪些工作?
5. 如何形成安全生产底线共识?
6. 如何以法治来保障安全生产?
7. 结合实际谈谈应如何构建安全生产防范体系。

第十讲　千方百计促进就业 守牢基层民生底线

就业是最大的民生，也是经济发展最基本的支撑。实现更加充分更高质量就业，是推动高质量发展、全面建设社会主义现代化国家的内在要求，是践行以人民为中心发展思想、扎实推进共同富裕的重要基础。

一、正确认识我国目前的就业形势

近年来，面对错综复杂的国际形势、艰巨繁重的国内改革发展稳定任务特别是新冠肺炎疫情的严重冲击，党中央、国务院始终坚持以人民为中心，将就业摆在经济社会发展优先位置，创新实施就业优先政策，推动就业工作取得积极进展。十三五期间，全国城镇新增就业6564万人，城镇调查失业率均值控制在5.2%，劳动年龄人口平均受教育年限从10.2年提高到10.8年，技能劳动者总量由1.3亿人增至2亿人，就业形势总体稳定，就业结构持续优化，就业质量不断提升[①]。当前和今后一段时期，我国发展仍处于重要战略机遇期，党中央、国务院高度重视就业问题，实施就业优先战略，为实现更加充分更高质量就业提供了根本保证；我国已转向高质量发展阶段，以国内大循环

---

① 《"十四五"就业促进规划》，《国务院公报》2021年第26号。

为主体、国内国际双循环相互促进的新发展格局加快构建，经济稳中向好、长期向好，为就业长期稳定创造了良好条件；新一轮科技革命和产业变革深入发展，新兴就业创业机会日益增多；新型城镇化、乡村振兴孕育巨大发展潜力，新的就业增长点不断涌现；劳动力市场协同性增强，劳动力整体受教育程度上升，社会性流动更加顺畅，为促进就业夯实了人力资源支撑。

但同时也要看到，我国就业领域也出现了许多新变化新趋势。人口结构与经济结构深度调整，劳动力供求两侧均出现较大变化，产业转型升级、技术进步对劳动者技能素质提出了更高要求，人才培养培训不适应市场需求的现象进一步加剧，"就业难"与"招工难"并存，结构性就业矛盾更加突出，将成为就业领域主要矛盾。城镇就业压力依然较大，促进高校毕业生等重点群体就业任务艰巨，在工业化、城镇化进程中，还有大量农村富余劳动力需要转移就业，规模性失业风险不容忽视。同时，就业歧视仍然存在，灵活就业人员和新就业形态劳动者权益保障亟待加强；人工智能等智能化技术加速应用，就业替代效应持续显现；国际环境日趋复杂，不稳定性不确定性明显增加，对就业的潜在冲击需警惕防范。总之，就业形势仍较严峻。必须深刻认识就业领域主要矛盾的变化，深入分析面临的挑战和风险，坚持问题导向，采取务实举措，抓住机遇，调动各种积极因素，不断开创就业工作新局面，努力实现更加充分更高质量就业。

二、我国促进就业的基本原则和目标要求

新发展阶段，我国促进就业工作要坚持以习近平新时代中国特色社会主义思想为指导，深入贯彻党的方针政策，统筹推进"五位一体"

第十讲 千方百计促进就业 守牢基层民生底线

总体布局,协调推进"四个全面"战略布局,坚持稳中求进工作总基调,立足新发展阶段的国情,完整、准确、全面贯彻新发展理念,构建新发展格局,统筹发展和安全,以实现更加充分更高质量就业为主要目标,深入实施就业优先战略,健全有利于更加充分更高质量就业的促进机制,完善政策体系、强化培训服务、注重权益保障,千方百计扩大就业容量,努力提升就业质量,着力缓解结构性就业矛盾,切实防范和有效化解规模性失业风险,不断增进民生福祉,推动全体人民共同富裕迈出坚实步伐。具体包括以下几点:

一是坚持就业导向、政策协同。继续把就业摆在经济社会发展和宏观政策优先位置,作为保障和改善民生头等大事,把稳定和扩大就业作为宏观调控的优先目标和经济运行合理区间的下限,根据就业形势变化,及时调整宏观政策取向、聚力支持就业。

二是坚持扩容提质、优化结构。兼顾容量、质量与结构,抓住主要矛盾,在多措并举创造更多高质量就业岗位的同时,更加重视日益凸显的结构性就业矛盾,聚焦劳动者技能素质提升,突出抓好技术技能人才培养培训,推动形成劳动力市场更高水平的供需动态平衡。

三是坚持市场主导、政府调控。推动有效市场和有为政府更好结合,既要坚持市场化社会化就业方向,加快破除制约就业的体制机制障碍,充分发挥市场配置劳动力资源的决定性作用,又要强化政府责任,优化整合各类资源,为促进就业提供强有力政策支持和基础性服务保障。

四是坚持聚焦重点、守住底线。紧盯就业领域关键环节和突出问题,瞄准重点地区、重点行业和重点群体,制定更加精准有效的举措,因地因企因人强化分类帮扶援助,切实兜牢民生底线。

五是坚持目标导向。当前和今后一段时间内,要继续提高城镇新增就业规模，确保重点群体就业保持稳定。劳动报酬提高与劳动生产率提高基本同步，覆盖城乡劳动者的社会保障体系更加健全，劳动权益保障进一步加强。人力资源质量大幅提升，高技能人才总量稳步扩大。创业环境更加优化，创业对高质量就业的带动能力不断增强。就业安全保障更加有力，困难群体得到及时帮扶，失业人员保障范围有效扩大、保障水平进一步提高。

三、以扩大就业容量作为经济发展导向

落实就业优先战略，强化就业优先政策，推动形成高质量发展与就业扩容提质互促共进的良性循环，是统筹经济发展与扩大就业的双赢战略。

（一）全面增强就业吸纳能力

强化就业优先导向的宏观调控。将就业优先政策置于宏观政策层面并持续强化，完善调控手段，充实政策工具箱，强化财政、货币、投资、消费、产业、区域等政策支持就业的导向，实现与就业政策协同联动。深入实施扩大内需战略，持续促进消费、增加有效投资拉动就业，通过保市场主体保就业。健全就业影响评估机制，制定实施宏观政策时要充分考虑对就业的影响，提升重大政策规划、重大工程项目、重大生产力布局对就业的促进作用。健全就业目标责任考核机制，建立更加充分更高质量就业考核评价体系，探索开展高质量就业地区试点工作。

促进制造业高质量就业。实施制造业降本减负行动，引导金融机构扩大制造业中长期融资，提升制造业盈利能力，提高从业人员收入

水平，增强制造业就业吸引力，缓解制造业"招工难"问题。推进制造业高质量发展和职业技能培训深度融合，促进制造业产业链、创新链与培训链有效衔接。支持吸纳就业能力强的劳动密集型行业发展。注重发展技能密集型产业，推动传统制造业转型升级赋能、延伸产业链条，开发更多制造业领域技能型就业岗位。立足我国产业规模优势、配套优势和部分领域先发优势，发展服务型制造新模式，做大做强新兴产业链，推动先进制造业集群发展，打造更多制造业就业增长点。

扩大服务业就业。聚焦产业转型升级和消费升级需要，构建优质高效、结构优化、竞争力强的服务产业新体系，为劳动者就业提供更大空间和更多选择。进一步放宽服务业市场准入，深入推进服务业扩大开放，促进服务业数字化转型、线上线下双向发展，推动现代服务业同先进制造业、现代农业深度融合，支持生产性服务业和服务外包创新发展，加快生活服务业高品质和多样化升级，鼓励商贸流通和消费服务业态与模式创新，引导夜间经济、便民生活圈等健康发展，稳定开发社区超市、便利店、社区服务和社会工作服务岗位，充分释放服务业就业容量大的优势。

拓展农业就业空间。深化农业供给侧结构性改革，加强现代农业产业园和农业现代化示范区建设，打造农业全产业链，提升农业价值链，吸纳带动更多就业。实施农民合作社规范提升行动、家庭农场培育计划和高素质农民培育计划，推动小农户与现代农业发展有机衔接，扶持一批农业产业化龙头企业牵头、家庭农场和农民合作社跟进、广大小农户参与的农业产业化联合体，实现抱团发展，促进农民就业增收。

支持中小微企业和个体工商户持续稳定发展增加就业。完善促进中小微企业和个体工商户发展和用工的制度环境和政策体系，构建常态化援企稳岗帮扶机制，持续减轻中小微企业和个体工商户负担，激发中小微企业和个体工商户活力，增强就业岗位创造能力。优化中小微企业发展生态，取消各类不合理限制和壁垒。支持劳动者创办投资小、见效快、转型易、风险小的小规模经济实体。加大对中小微企业和个体工商户融资支持力度，加强普惠金融服务。

（二）培育接续有力的就业新动能

促进数字经济领域就业创业。加快发展数字经济，推动数字经济和实体经济深度融合，催生更多新产业新业态新商业模式，培育多元化多层次就业需求。健全数字规则，强化数据有序共享和信息安全保护，加快推动数字产业化，打造具有国际竞争力、就业容量大的数字产业集群。深入实施"上云用数赋智"行动，推进传统线下业态数字化转型赋能，创造更多数字经济领域就业机会。促进平台经济等新产业新业态新商业模式规范健康发展，带动更多劳动者依托平台就业创业。

支持多渠道灵活就业和新就业形态发展。破除各种不合理限制，建立促进多渠道灵活就业机制，支持和规范发展新就业形态。鼓励传统行业跨界融合、业态创新，增加灵活就业和新就业形态就业机会。加快落实《关于维护新就业形态劳动者劳动保障权益的指导意见》，建立完善适应灵活就业和新就业形态的劳动权益保障制度，引导支持灵活就业人员和新就业形态劳动者参加社会保险，提高灵活就业人员和新就业形态劳动者社会保障水平。规范平台企业用工，明确平台企业劳动保护责任。健全职业分类动态调整机制，持续开发新职业，发布新职业标准。

第十讲　千方百计促进就业　守牢基层民生底线

（三）提高区域就业承载力

推动区域就业协调发展。支持东部地区发挥创新要素集聚优势，率先实现产业升级，开拓高质量就业新领域，培育高质量就业增长极。加快完善中西部和东北地区基础设施，提升产业集聚区公共服务效能，引导产业向中西部和东北地区有序梯度转移，推动就业机会向中西部和东北地区扩散。支持中西部和东北地区根据国家战略导向和发展重点，对接先进生产要素和创新资源，发展特色优势产业，改造提升传统产业，积极布局新兴产业，厚植就业创业沃土。

实施特殊类型地区就业促进行动。健全巩固拓展脱贫攻坚成果长效机制，统筹各类政策资源，强化后续扶持，以脱贫地区为重点，支持欠发达地区因地制宜发展吸纳就业效果好的富民产业。支持革命老区、边境地区等发展本地特色产业，推进资源型地区加快培育发展接续替代产业，完善就地就近就业配套设施，做好边民、少数民族劳动者和失地农民、下岗矿工、停产企业员工等困难群体就业帮扶。对高失业率地区开展专项就业援助，针对性开发和推荐就业岗位，促进失业人员再就业。

壮大县乡村促就业内生动力。深入推进新型城镇化和乡村振兴战略有效衔接，推动县乡村联动发展，促进产镇融合、产村一体，打造"一县一业""一乡一特""一村一品"经济圈，做好产业和就业帮扶。推进以县城为重要载体的城镇化建设，补短板强弱项，增强综合服务能力，促进绿色低碳发展，吸引各类生产要素向县城流动聚集，做大做强县域经济，扩大县城就业需求。支持乡镇提升服务功能，增加生产生活要素供给，为发展产业、带动就业创造良好条件，把乡镇建设成拉动农村劳动力就业的区域中心。完善农村一二三产业融合发展体系，丰富乡村经济业态，促进乡村产业多模式融合、多类型示范，打造乡村产业链供应链，加快乡村产业振兴步伐，培育乡村就业增长极。

四、以高质量创业带动就业倍增

深入实施创新驱动发展战略，营造有利于创新创业创造的良好发展环境，持续推进双创，更大激发市场活力和社会创造力，促进创业带动就业。

（一）不断优化创业环境

深化创业领域"放管服"改革。全面实行《优化营商环境条例》和政府权责清单制度，分类推进行政审批制度改革，打造市场化法治化国际化营商环境。实施全国统一的市场准入负面清单制度，健全清单动态调整机制，定期评估、排查、清理各类显性和隐性壁垒，最大限度解除对创业的束缚。提升企业开办标准化规范化便利化水平，建立便利、高效、有序的市场主体退出制度。实行以公平为原则的产权保护制度。

加强创业政策支持。加大对初创实体的支持力度，进一步降低创业成本，提升初创企业持续发展能力。落实创业担保贷款及贴息政策，提高贷款便利度和政策获得感。拓展创业企业直接融资渠道，健全投资生态链，更好发挥创业投资引导基金和私募股权基金作用，加大初创期、种子期投入。提升创业板服务成长型创业企业功能，支持符合条件的企业发行企业债券。

实现创业资源开放共享。强化大企业在市场拓展、产业链协调、带动中小企业创业方面的作用，实施大中小企业融通创新专项行动，

第十讲 千方百计促进就业 守牢基层民生底线

鼓励大企业向中小企业开放资源、场景、应用、需求，打造基于产业链供应链的创新创业生态。推动国家科研平台、科技报告、科研数据、科研仪器设施、高校实验室进一步向企业、社会组织和个人开放，创造更多创业机会。促进国家级新区、国家自主创新示范区开放企业（项目）资源，建立项目对接机制，吸纳人才创业。

（二）鼓励引导各类群体投身创业

激发劳动者创业的积极性主动性。实施农村创业创新带头人培育行动，壮大新一代乡村企业家队伍。实施大学生创业支持计划、留学人员回国创业启动支持计划。鼓励引导有创业意愿和创业能力的农民工、大学生、退役军人等人员返乡入乡创业。建立科研人员入乡兼职兼薪和离岗创业制度，完善科研人员职务发明成果权益分享机制。激发和保护企业家精神，倡导敬业、精益、专注、宽容失败的创新创业文化。

全方位培养引进用好创业人才。大力发展高校创新创业教育，培育一批创业拔尖人才。面向有创业意愿和培训需求的城乡各类劳动者开展创业培训。实施更加积极更加开放更加有效的人才政策，加大创业人才引进力度，为外籍高层次人才来华创业提供便利。健全以创新能力、质量、实效、贡献为导向的创新创业人才评价体系，加强创新创业激励和保障。

（三）全面升级创业服务

打造全生态、专业化、多层次的创业服务体系。加快完善创业服务网络。加强服务队伍建设，为创业者提供政策咨询、项目推介、开业指导等服务。推广创业导师制，推行科技特派员制度，支持科技领军企业、高技能人才、专业技术人才等到基层开展创业服务。实施创业带动就业示范行动，组织各类创业大赛和创业推进活动，办好全国双创活动周，开展创业型城市示范创建，营造浓厚的创业氛围。

建设特色化、功能化、高质量的创业平台载体。构建众创空间、孵化器、加速器、产业园相互接续的创业平台支持链条。创新创业孵化载体建设模式，支持大企业与地方政府、高校共建，提高利用率。实施全国创业孵化示范基地改造提升工程，强化服务质量管理，提升孵化服务功能，新认定一批国家级创业孵化示范基地。优化双创示范基地建设布局，充分发挥双创示范基地示范带动作用。鼓励地方开辟退役军人创业专区和退役军人就业创业园地，依托各类产业园区建设一批返乡入乡创业园，加强大学生创业园等孵化载体建设。支持地方进一步加快建设留学人员创业园，持续推动省部共建。

五、增强对重点就业群体的就业保障能力

聚焦高校毕业生等重点群体，坚持市场化社会化就业与政府帮扶相结合，促进多渠道就业创业。

（一）持续做好高校毕业生就业工作

拓宽高校毕业生市场化社会化就业渠道。结合国家重大战略布局、现代产业体系建设、中小企业创新发展，创造更多有利于发挥高校毕业生专长和智力优势的知识技术型就业岗位。健全激励保障机制，畅通成长发展通道，引导高校毕业生到中西部、东北、艰苦边远地区和城乡基层就业。围绕乡村振兴战略，服务乡村建设行动和基层治理，扩大基层教育、医疗卫生、社区服务、农业技术等领域就业空间。为

有意愿、有能力的高校毕业生创新创业提供资金、场地和技术等多层次支持。

强化高校毕业生就业服务。健全校内校外资源协同共享的高校毕业生就业服务体系，完善多元化服务机制，将留学回国毕业生及时纳入公共就业人才服务范围。加强职业生涯教育和就业创业指导，加大就业实习见习实践组织力度，开展大规模、高质量高校毕业生职业技能培训，提高高校毕业生就业能力。实施常态化高校毕业生就业信息服务，精准组织线上线下就业服务活动，举办行业性、区域性、专业性专场招聘，加强户籍地、求职地、学籍地政策服务协同，提高供需匹配效率。对离校未就业高校毕业生开展实名制帮扶，健全困难高校毕业生就业援助机制。强化择业就业观念引导，推动高校毕业生积极理性就业。开展"最美基层高校毕业生"学习宣传活动。

（二）高度重视城镇青年就业

为城镇青年创造多样化就业机会。聚焦城镇青年（主要包括未继续升学初高中毕业生、城镇失业青年、转岗青年职工等，下同），完善就业支持体系。在推动先进制造业、现代服务业和劳动密集型产业发展中，开发更多适合城镇青年的就业岗位，带动更多城镇青年到新产业新业态新商业模式领域就业创业。对接产业优化布局、区域协调发展和重点行业企业人才需求，完善人力资源需求发布、要素配置、协同发展机制，支持城镇青年到人才紧缺领域就业。

增强城镇青年职业发展能力。发挥就业创业服务机构、产业企业园区、青年之家、青年活动中心等各类平台作用，支持城镇青年参加职业指导、职业体验、创业实践、志愿服务等活动。探索组织青年职业训练营、就业训练工场。打造适合城镇青年特点的就业服务模式，畅通信息服务渠道,提高择业精准度。

强化城镇青年就业帮扶。实施青年就业启航计划,对城镇长期失业青年开展实践引导、分类指导和跟踪帮扶,促进其进入市场就业创业。将劳动精神、奋斗精神融入指导和实践,引导城镇青年自强自立。为城镇困难失业青年提供就业援助。

(三)加强退役军人就业保障

改革完善退役军人安置制度。科学制定安置计划,改进岗位安置办法,推进落实安置政策,压实属地安置责任,规范接收安置程序,提高安置质量。优化安置方式,探索市场化安置改革,实现多渠道、多元化安置。推广"直通车"式安置,健全"阳光安置"工作机制。鼓励到艰苦边远地区和城乡基层安置。加强各种安置方式统筹协调,强化政策制度衔接。

支持退役军人自主就业。将退役军人按规定纳入现有就业服务、教育培训等政策覆盖范围。探索推开"先入校回炉、再就业创业"的模式,鼓励符合条件的退役军人报考高职学校,落实招收、培养、管理等方面的扶持政策。适时调整退役军人就业岗位目录。协调各方资源,加强行业企业合作,拓展就业供给领域,挖掘更多适合退役军人的就业岗位,促进退役军人到民营企业就业。实施"兵支书"协同培养工程,推动退役军人在乡村就业。设立退役军人就业实名台账,强化退役军人服务中心(站)就业服务功能,及时提供针对性服务。

(四)推进农村劳动力转移就业

稳定和扩大农村劳动力外出就业规模。广泛开展区域间劳务协作,健全劳务输入集中区域与劳务输出省份对接协调机制,加强劳动力跨区域精准对接，发展劳务组织和经纪人，有序组织输出地农村劳动力外出务工。培育一批有地域特色、行业特征、技能特点，带动农村劳动力就业效果好的劳务品牌。实施农民工素质提升工程，推进新生代农民工职业技能提升计划。创建一批农村劳动力转移就业示范县。

促进农村劳动力就地就近就业。依托县域经济、乡村产业发展，为农村劳动力创造更多就地就近就业岗位。重大投资项目、各类基础设施建设应积极吸纳更多当地农村劳动力参与。加大以工代赈实施力度，在农业农村基础设施建设领域积极推广以工代赈方式，广泛组织当地农村劳动力，优先吸纳农村低收入人口参与工程建设以及建成后的维修养护，并及时足额发放以工代赈劳务报酬。

加快农业转移人口市民化。放开放宽除个别超大城市外的落户限制，试行以经常居住地登记户口制度。推动地方逐步探索制定城乡双向流动的户口迁移政策，确保外地和本地农业转移人口进城落户标准一视同仁，推动在城镇稳定就业生活、具有落户意愿的农业转移人口便捷落户。完善财政转移支付与农业转移人口市民化挂钩相关政策。调整城镇建设用地年度指标分配依据，建立同吸纳农业转移人口落户数量和提供保障性住房规模挂钩机制。依法保障进城落户农民农村土地承包权、宅基地使用权、集体收益分配权，健全农户"三权"市场化退出机制和配套政策。提高基本公共服务均等化水平，推动农业转移人口全面融入城市。

（五）统筹其他重点群体就业

稳定脱贫人口就业。健全脱贫人口、农村低收入人口就业帮扶长效机制，保持脱贫人口就业领域的扶持政策、资金支持、帮扶力量总体稳定。健全有组织劳务输出工作机制，将脱贫人口作为优先保障对象，稳定外出务工规模。支持脱贫地区大力发展当地优势特色产业，继续发挥就业帮扶车间、社区工厂、卫星工厂等就业载体作用，为脱贫人口创造就地就近就业机会。聚焦国家乡村振兴重点帮扶县、易地扶贫搬迁安置区，积极引进适合当地群众就业需求的劳动密集型、生态友好型企业（项目），增加本地就业岗位，组织专项就业服务活动实施集中帮扶。

持续开展困难群体就业援助。完善就业困难人员认定办法，建立动态调整机制，对零就业家庭人员、残疾人等困难群体，提供"一人一档"、"一人一策"精细化服务，扩大公益性岗位安置，加强对就业帮扶效果的跟踪与评估，确保零就业家庭动态清零。落实残疾人按比例就业制度。开展就业援助月等各类帮扶活动。及时将符合条件的就业困难人员纳入最低生活保障、临时救助范围，落实乡镇（街道）临时救助备用金制度。

促进其他群体就业。实施积极应对人口老龄化国家战略，强化大龄劳动者就业帮扶和权益保护，制定完善保障措施，及时提供就业创业服务、技能培训等支持，促进人力资源充分利用。持续做好产业结构调整、长江流域生态环境保护修复工作中的人员转岗再就业。

六、以提升劳动者技能素质适应就业市场需求

把技术技能人才培养培训放在更加突出的位置，着力改善劳动力要素质量，建设一支符合高质量发展要求、适应现代化经济体系、具备较高职业技能和道德素质、结构比较合理的劳动者队伍。

（一）大规模多层次开展职业技能培训

完善职业技能培训政策体系。面向市场需求加强职业技能培训，

健全终身职业技能培训制度,落实"十四五"职业技能培训规划,深入实施职业技能提升行动。稳步扩大培训规模,重点加强高校毕业生和城镇青年、退役军人、农村转移就业劳动者、脱贫人口、失业人员、个体工商户、就业困难人员(含残疾人)等技能培训,支持企业开展职工在岗培训,突出高技能人才培训、急需紧缺人才培训、转岗转业培训、储备技能培训、通用职业素质培训,积极发展养老、托育、家政等生活服务业从业人员技能培训,广泛开展新业态新商业模式从业人员技能培训。强化安全生产技能培训,提高劳动者安全生产素质。完善职业技能竞赛体系,推动职业技能竞赛科学化、规范化、专业化发展。

实现培训供给多元化。构建以公共实训基地、职业院校(含技工院校)、职业技能培训机构和行业企业为主的多元培训载体。推动培训市场全面开放,采取优化审批服务、探索实行告知承诺等方式,激发培训主体积极性,有效增加培训供给。充分发挥企业职业技能培训的主体作用和职业院校培训资源优势,政府补贴的职业技能培训项目全部向具备资质的职业院校开放。新建一批公共实训基地,并优化功能布局、提高开放性,完善企业利用公共实训基地开展实训有关制度。实施职业技能培训共建共享行动,健全职业技能培训共建共享机制,开展县域职业技能培训共建共享试点。

切实提升职业技能培训质量。引导培训资源向市场急需、企业生产必需等领域集中,动态调整政府补贴性培训项目目录。采取政府按规定补贴培训、企业自主培训、市场化培训等多样化的培训方式,广泛开展订单式、套餐制培训,探索"互联网+职业技能培训"。统筹各级各类职业技能培训资金,加强集约化管理和使用,健全分层分类的培训补贴标准体系,畅通培训补贴直达企业和培训者渠道。健全职业技能培训监督评价考核机制。探索建立个人培训账户，形成劳动者职业技能培训电子档案，实现与就业、社会保障等信息联通共享。

提高劳动者职业素养。大力弘扬劳模精神、劳动精神、工匠精神，营造劳动光荣的社会风尚和精益求精的敬业风气。鼓励劳动者通过诚实辛勤劳动、创新创业创造过上幸福美好生活。加强职业道德教育，引导劳动者树立正确的人生观价值观就业观，培养敬业精神和工作责任意识。推进新型产业工人队伍建设，提高产业工人综合素质。

（二）构建系统完备的技术技能人才培养体系

推动职业技术教育提质培优。突出职业技术教育类型特色，深入推进改革创新，优化结构与布局。完善职业技术教育国家标准，推行"学历证书+职业技能等级证书"制度，实施现代职业技术教育质量提升计划，建设一批高水平职业技术院校和专业。健全职普融通机制，稳步发展职业本科教育，实现职业技术教育与普通教育学习成果双向互通互认、纵向流动。支持和规范社会力量兴办高质量职业技术教育，增强职业技术教育适应性。大力发展技工教育，建设一批优质技工院校和专业。探索中国特色学徒制，深化产教融合、校企合作。

提高人才培养质量。强化人才培养就业导向，健全人才培养与产业发展联动预警机制，增强人才培养前瞻性。深化教育教学改革，实施教育提质扩容工程，着力培养创新型、应用型、技能型人才。优化高校学科专业布局，推进专业升级和数字化改造，及时减少、撤销不适应市场需求的专业。加快重点领域急需紧缺人才培养，实施专业技术人才知识更新工程。加强重点专业学科建设，研究制订国家重点支持学科专业清单，大力发展新兴专业。加大数字人才培育力度，适应人工智能等技术发展需要，建立多层次、多类型的数字人才培养机制。

完善终身学习体系。建设学习型社会,构建服务全民终身学习的教育体系。推动高水平大学开放教育资源,完善注册学习和弹性学习制度。健全终身教育学习成果转换与认证制度,推进"学分银行"试点,探索学分积累转换制度。促进继续教育高质量发展,建立统一的高等学历继续教育制度,畅通在职人员继续教育与终身学习通道。规范发展非学历继续教育。积极发展在线教育,完善线上、线下课程学分认定和转换机制。创新发展城乡社区教育。

深化技能人才管理制度改革。完善技能人才培养、使用、评价、激励机制。推进职业资格制度改革,压减准入类职业资格数量。完善职业技能等级制度,建立职业技能等级认定与相关系列职称评审贯通机制。推行社会化职业技能等级认定,鼓励企业在国家职业技能等级框架范围内增加技能岗位等级层次。加快构建国家资历框架,畅通管理人才、专业技术人才及技能人才的职业发展通道。

七、健全公共就业服务体系

持续加强统一规范的人力资源市场体系建设,着力打造覆盖全民、贯穿全程、辐射全域、便捷高效的全方位公共就业服务体系,提升劳动力市场供需匹配效率。

(一)建设高标准人力资源市场体系

加快人力资源服务业高质量发展。推动人力资源服务与实体经济融合发展,引导人力资源服务机构围绕产业基础高级化、产业链现代化提供精准专业服务。鼓励人力资源服务业管理创新、技术创新、服务创新和产品创新,大力发展人力资源管理咨询、高级人才寻访、人才测评等高技术、高附加值业态。实施人力资源服务业领军人才培养计划。开展"互联网+人力资源服务"行动。深化人力资源服务领域对外开放,探索建设国家人力资源服务出口基地。

提高人力资源市场规范化水平。深化人力资源市场"放管服"改革,规范实施人力资源服务许可,持续优化人力资源市场环境。加强人力资源市场管理信息化、人力资源服务标准化和人力资源市场信用体系建设,完善人力资源服务机构信用评价标准和制度。组织开展诚信服务活动,选树一批诚信人力资源服务典型。

(二)健全全方位公共就业服务体系

完善公共就业服务制度。健全户籍地、常住地、参保地、就业地公共就业服务供给机制,推进就业创业政策咨询、就业失业登记、职业介绍等服务覆盖全体城乡劳动者。支持各类市场主体在注册地、经营地、用工地免费享受劳动用工咨询、招聘信息发布等服务。推动公共就业服务向农村延伸,实现城乡公共就业服务便利共享。持续改善革命老区、边境地区等公共就业服务水平和质量,缩小区域间差距。

加强公共就业服务机构设置。完善街道(乡镇)、社区(村)服务平台,构建覆盖城乡的公共就业服务网络。合理配置公共就业服务机构人员,加强职业指导、职业信息分析、创业指导等专业化、职业化队伍建设。组织动员各类人民团体、群众团体参与提供公共就业服务,支持社会组织提供公益性就业服务。

增强公共就业服务能力。健全公共就业服务标准体系,完善设施设备配置、人员配置等指导性标准,统一公共就业服务视觉识别系统,统一核心业务流程和规范。加快公共就业服务智慧化升级,推动公共就业服务向移动终端、自助平台延伸,打造集政策解读、业务办理等于一体的人工智能服务模式，逐步实现服务事项"一网通办"。推进流动人员人事档案信息化建设。建立综合评价指标体系，开展公共就业服务需求分析、社会满意度调查和第三方评估。创建一批公共就业创业服务示范城市，开展充分就业社区建设。

八、提升劳动者收入和权益保障水平

提高劳动者工作待遇，加强劳动者权益保障，提升劳动者获得感和满意度，让广大劳动者实现体面劳动、全面发展。

（一）改善劳动者就业条件

合理增加劳动报酬。坚持按劳分配为主体、多种分配方式并存，提高劳动报酬在初次分配中的比重。健全工资决定、合理增长和支付保障机制，增加劳动者特别是一线劳动者劳动报酬，实现劳动报酬与劳动生产率基本同步提高。完善工资指导线、企业薪酬调查和信息发布制度，健全最低工资标准调整机制，实施企业薪酬指引计划。积极推行工资集体协商制度。健全劳动、知识、技术、管理等生产要素由市场评价贡献、决定报酬的机制。改革完善体现岗位绩效和分级分类管理的事业单位薪酬制度。深化国有企业工资分配制度改革，建立完善国有企业市场化薪酬分配机制。

营造良好劳动环境。实施工伤预防五年行动计划。建立企业全员安全生产责任制度，压实企业安全生产主体责任。深入开展安全生产专项整治三年行动，持续加强矿山、冶金、化工等重点行业领域尘毒危害专项治理，坚决遏制重特大事故发生。严格执行安全生产法，加强对高危行业建设项目的监管。推动简单重复的工作环节和"危繁脏重"的工作岗位尽快实现自动化智能化,加快重大安全风险领域"机器换人"。

加强劳动者社会保障。健全多层次社会保障体系,持续推进全民参保计划,提高劳动者参保率。加大城镇职工基本养老保险扩面力度,大力发展企业年金、职业年金,规范发展第三支柱养老保险。推进失业保险、工伤保险向职业劳动者广覆盖,实现省级统筹。完善全国统一的社会保险公共服务平台,优化社会保险关系转移接续。

(二)促进平等就业

畅通劳动力和人才社会性流动渠道。深化劳动力要素市场化配置改革,同步推进户籍制度、用人制度、档案服务改革,加快破除妨碍劳动力和人才市场化配置和自由流动的障碍,搭建横向流动桥梁、纵向发展阶梯,形成合理、公正、畅通、有序的社会性流动格局。拓展基层人员发展空间,加大对基层一线人员奖励激励力度。

努力消除就业歧视。建立劳动者平等参与市场竞争的就业机制,营造公平的市场环境,逐步消除民族、种族、性别、户籍、身份、残疾、宗教信仰等各类影响平等就业的不合理限制或就业歧视,增强劳动力市场包容性。保障妇女在就业创业、职业发展、技能培训、劳动报酬、职业健康与安全等方面的权益,为因生育中断就业的女性提供再就业培训公共服务。将生育友好作为用人单位承担社会责任的重要方面,鼓励用人单位制定有利于职工平衡工作和家庭关系的措施,依法协商确定有利于照顾婴幼儿的灵活休假和弹性工作方式。建立投诉处理机制和联合约谈机制,及时纠正含有歧视内容和不合理限制的招聘行为。健全司法救济机制,依法受理涉及就业歧视的相关起诉,设置平等就业权纠纷案由。

(三）维护劳动者合法权益

扎实做好劳动权益保障。开展清理整顿人力资源市场秩序专项行动，依法查处招聘过程中的虚假、欺诈现象，强化劳务派遣用工监管。健全劳动合同制度，鼓励企业与劳动者签订长期或无固定期限劳动合同。加强对劳动密集型企业、中小微企业劳动用工指导。督促企业依法落实工时制度，保障劳动者休息休假权益。完善欠薪治理长效机制，持续推进根治拖欠农民工工资工作。推进智慧劳动保障监察系统建设，强化大数据分析能力和监控预警功能，提高执法效能。

构建和谐劳动关系。健全政府、工会、企业代表组织共同参与的协商协调机制。推动企业建立多种形式的民主参与、民主监督、民主决策新机制，提升企业与劳动者沟通协商的制度化程度。完善以职工代表大会为基本形式的企业民主管理制度，引导中小企业依法成立工会组织，在中小企业集中的地方推动建立区域性、行业性职工代表大会。推进集体协商制度建设，巩固提高集体协商覆盖面和实效性。深入实施劳动关系"和谐同行"能力提升行动计划，推进构建中国特色和谐劳动关系改革创新。开展和谐劳动关系创建活动，加强劳动关系形势分析和风险监测预警。创新劳动人事争议调解仲裁机制，强化调解仲裁队伍建设，推进"互联网+调解仲裁"。

学习与思考

1. 为什么说就业是民生之本？
2. 如何正确认识我国当前的就业形势？
3. 促进就业要坚持哪些原则底线和目标要求？
4. 如何理解"以扩大就业容量作为经济发展方向"？

5. 如何通过高质量创业来带动就业倍增？
6. 如何加强对重点就业群体的就业保障？
7. 如何通过提升劳动者技能素质来适应市场需求？
8. 健全公共就业服务体系要着重做好哪些工作？
9. 如何通过提升劳动者收入和权益保障水平来促进高质量就业？

第十一讲　筑牢社会保障底线 全力破解民生之忧

习近平总书记指出:"社会保障是保障和改善民生、维护社会公平、增进人民福祉的基本制度保障,是促进经济社会发展、实现广大人民群众共享改革发展成果的重要制度安排,发挥着民生保障安全网、收入分配调节器、经济运行减震器的作用,是治国安邦的大问题。"① 党员干部要认真贯彻落实习近平总书记的重要指示精神,进一步提高站位、深化认识,深刻认识社会保障"是治国安邦的大问题",始终站稳人民立场,切实增强责任感、使命感,守护好人民群众的"养老钱""保命钱",全力破解民生之忧,下大力气提高社会保障水平。

一、我国社会保障事业取得的巨大成就和面临的艰巨任务

党的十八大以来,党和政府把社会保障体系建设摆上更加突出的位置,推动我国社会保障体系建设进入快车道,城乡居民基本养老保险制度实行了统一,机关事业单位和企业养老保险制度实现并轨,企业职工基本养老保险基金中央调剂制度得到建立,并整合了城乡居民基本医疗保险制度,全面实施了城乡居民大病保险,推进全民参保,降低社会保险费率,划转部分国有资本充实社保基金,积极发展养老、

---

① 习近平:《促进我国社会保障事业高质量发展、可持续发展》,《求是》2022 年第 8 期。

托幼、助残等福利事业，使人民群众不分城乡、地域、性别、职业，在面对年老、疾病、失业、工伤、残疾、贫困等风险时都有了相应的制度保障。目前，我国基本医疗保险覆盖13.6亿人，基本养老保险覆盖近10亿人；以最低生活保障制度为核心的综合型社会救助制度使近亿人口受益；养老服务与关乎儿童福祉的托幼事业都在快速发展，残疾人福利随着特困残疾人补贴与重度残疾人补贴的广覆盖亦得以提升。所有这些，不仅使我国人民的福利水平与民生质量得到了大幅度提升，也对世界的社会保障发展做出了重要的贡献。

在取得巨大成绩的同时也要看到，随着我国经济发展进入新时代，社会主要矛盾已经发生了转化，人民日益增长的美好生活需要与不平衡不充分的发展之间的矛盾在社会保障领域仍然有着具体的体现，深化改革的任务依然艰巨，主要表现在四个方面：

一是制度分割导致了地区利益与群体利益的失衡。以法定的基本养老保险为例，迄今仍然停留在地区分割状态，导致不同地区筹资负担畸轻畸重和基金余缺两极分化现象。医疗保险在一些地区仍然是按照职工、城乡居民两大群体的分割状态，同一地区不同身份的人口享受的是不同的医疗保障待遇，更造成了医疗保险基金的分割化，进而影响到基金的使用效率，降低了医疗保险制度的风险分散与保障能力。

二是权责不清导致了主体各方责任边界模糊，进而造成责任失衡和受益主体权益失衡。对社会保障责任的分担，在政府、用人单位、个人及家庭之间并不清晰，中央政府与地方政府的责任分担亦处于模糊状态。近十多年的发展证明，这种权责边界不清带来的是政府责任日益加重，个人分担的责任比率在不断下降；中央政府的责任在日益加重，地方政府分担的责任比率亦在不断下降。由此带来了不同地区、不同用人单位、不同群体的社会保障权益的失衡。照此发展下去，必然会因社会保障制度的刚性发展而致可持续性不足。

三是政府主导的法定基本保障独大,市场与社会提供的补充保障并未得到应有的发展。我国社会保障覆盖面特别是养老保险与医疗保险覆盖面的持续提高,在很大程度上取决于国家财政补贴的增长,是政府负担基础性养老金使这一制度迅速覆盖到所有老年人身上;同样也是政府补贴的提高使全民医保目标得以快速实现。但市场主体与社会力量参与社会保障体系建设的积极性并未得到有效调动。比如,多层次养老保险体系是我国养老保险改革的既定目标,也是当今世界养老金制度改革与发展的共同趋势,但在我国只有约5%的人享有;第二层次即企业年金、商业性的养老保险更是几乎可以忽略不计;法定基本养老保险一层独大,承担了所有的压力,使第二、三层次养老金丧失了存在与发展的空间;慈善事业发展不够充分,对法定社会保障制度的补充严重不足。这些市场主体与社会力量参与的缺失,结果必然是整个社会保障体系建设的物质基础无法持续壮大,亦使城乡居民的福利需求得不到有效满足。

四是养老、育幼、助残等方面的基本公共服务发展不足。在过去40多年间,整个社会保障体系所表现出的特征是经济保障受到高度重视并确实取得了巨大成效,但服务保障供给严重不足,养老服务、托幼服务、残疾人服务等社会福利事业政府投入有限,而市场、社会投入积极性却没有得到有效调动,致使一直处于发展不充分的状态,直接影响到了城乡居民的后顾之忧,也制约了城乡居民生活质量的持续提高。

二、党的十九大以来社会保障体系建设的良好发展态势

党的十九大报告作出了我国社会主要矛盾已经转化为人民日益增

长的美好生活需要和不平衡不充分的发展之间的矛盾的判断，使社会保障体系建设的发展方向更加明确。

（一）从三个层次做好社会保障体系建设的顶层设计

在宏观层面，着重处理好社会保障与经济发展的关系、社会保障与国家财政的关系、各项社会保障制度安排中的共建与共享关系，同时统筹安排好社会救助、社会保险、社会福利三大基础性保障系统的结构与职责分工，并做到有序地协同推进，实现对社会保障体系及其功能的科学定位。

在中观层面，应当解决不同社会保障类别或主要项目的结构、功能定位与资源配置方式，以及与相关制度安排的关系，避免主次不分、厚此薄彼或顾此失彼。如以老有所养为例，必须有养老保险与养老服务以及老年护理保险等多项制度安排才能有效解决，在公共资源配置与市场或社会资源调动上需要妥善处理好这些不同制度安排的合理配置，根据需要提供制度供给，这既是维护制度公平的需要，也是实现制度效率与可持续发展的要求。

在微观层面，应当细化具体保障项目的顶层设计，重点是优化养老保险、医疗保障、综合型社会救助与保障性住房、养老服务、儿童福利等制度的结构，合理分配责任，保证制度公正、有效且可持续。

（二）从四个方面加快推进社会保障体系建设

一是坚持政府主导与多元主体共同参与的有机结合，坚持以共建共治共享为基石，切实维护互助共济之根本，防止社会保障政策被商业力量或利益集团所绑架。

二是尽快实现法定基本保障制度如基本养老保险、医疗保险、社会救助制度的定型，同时根据需要增加或调整相关制度安排，并真正做到依法全覆盖。

三是大力发展通过市场机制与社会机制建立的各种补充保障，全面建成多层次的社会保障体系。如通过发展商业保险等市场化保障机制，可以使更多的人通过市场途径获得更充分的保障；通过发展慈善事业等社会机制，既可以使低收入困难群体与天灾人祸中的不幸者获得更多保障，更可以使城乡居民获得更加全面的社会服务。

四是加快完善行政管理体制与运行机制，进一步细化行政管理体系的内部机构设置并优化其管理职能，真正实现适度集中、权责一致、高效协同，同时重视社会保障法制建设，维护这一制度体系运行的稳定性、规范性。

（三）从六个方面加快优化养老、医疗、救助等关键性制度安排

一是在建立中央调剂金的基础上，加快实现基本养老保险全国统筹步伐，促使养老保险制度真正走向全国统一，同时优化养老保险制度的责任分担机制。

二是在整合城乡居民医疗保险制度的基础上，积极推进居民医保与职工医保的整合，并逐步取消个人账户，均衡主体各方的责任分担，最终用一个统一的医疗保险制度覆盖全民。

三是尽快完善低保制度，建立规范的家计调查制度[①]以确保符合条件的对象应保尽保，同时促进低保与扶贫有序衔接，真正兜住低收入困难群体的民生底线。

---

① 家计调查制度是我国最低生活保障制度重要组成部分，通过家计调查有助于低保管理审批机关做出正确的决定，实现对贫困居民的帮助。家计调查处在低保管理审批机关做出低保决定之前，是确定申请人是否具有低保资格的前提，所以以家计调查归为事前调查，保证了最低生活保障金能发放到符合低保条件的人手中。家计调查目的在于查清低保申请者个人及家庭经济情况和实际生活水平。

四是合理规划保障性住房与自有住宅的结构比例，满足城乡居民住宅需求，抑制房地产泡沫，恢复住宅的传统功能。

五是加快优化养老服务体系。立足社区，加大公共投入，在解决失能老人护理需求的同时满足绝大多数老年人居家养老的服务需求，并将现代型的社会养老服务与传统型孝老、敬老的家庭保障有机结合，真正放开对民间甚至外资的投资管制。

六是落实儿童优先战略，采取公私并举、官民结合、合理布局的方略，大力发展托幼事业，进而使生育成本下降、儿童福利提升，既解决城乡居民幼有所育的难题，又为实现人口均衡增长创造条件。

三、今后应如何进一步发挥社会保障的兜底性功能

社会保障是为应对社会成员基本风险而实施的一类社会政策。有效的社会保障制度能够使社会成员有稳定的预期，从而降低全社会的风险，进而促进社会稳定和经济发展，实现国家长治久安。改革开放40多年来，我国在社会保障领域进行了一系列改革探索，实现了社会保障制度转型和惠及范围的大幅度扩展，顺应了经济体制改革和社会转型的趋势，并为改革、发展、稳定作出了不可替代的贡献。当前，我国正处在由大到强的发展阶段，世界也面临更多不确定性，这一过程中充满着各种风险和挑战，要更加重视社会保障制度建设，更加有效运用社会保障这一风险管理工具，为经济社会发展托底，使中国行稳致远。

（一）织密社会保障网络

我国社会保障制度改革和建设虽然取得了重大进步，但部分基本

第十一讲　筑牢社会保障底线　全力破解民生之忧

风险保障项目缺失或很薄弱，现行制度在保基本、兜底线方面"履职"不到位，因而要基于国民的基本风险保障权益，织密社会保障网络。

1. *加快建立长期照护保障制度*

随着人口结构日益老龄化和高龄化，我国失能老人的数量持续增多，又由于家庭小型化导致家庭照护服务能力下降，因而社会化照护服务的需求不断增加，但目前照护服务的有效供给严重不足，其规范化、标准化程度很低，同时部分失能老人及其家庭无力购买社会化照护服务，迫切需要建立照护保障制度。近几年，学界和业界对此讨论颇多，但尚未形成共识。有人主张建立社会保险性质的长期照护保险制度，有关部门还组织部分城市进行试点，但效果并不理想。目前比较现实的做法是，实行老年照护服务补助制度。这是一种非缴费型的制度，由政府财政出资，针对失能程度高且家庭经济困难的老人提供补助，以提高这个群体购买社会化照护服务的能力，体现政府的兜底责任。为此，需要以老人失能程度及其家庭情况评估为基础，以满足失能老人基本照护服务需求为目标，确定补助的资金量。这笔补助的资金由失能老人或其监护人据情安排，或请保姆，或进养老机构，或由家人负责照护。当然，这里需要有确保资金有效使用的机制。

2. *切实增强基本医疗保障制度的反贫困功能*

从学理上讲，政府建立基本医疗保障制度之目的有二：一是让经济困难家庭及其成员有能力购买基本医药服务，让一般普通百姓不至于因病致贫；二是借助互助共济原理降低全社会疾病风险处理成本，并通过强制性制度安排减少逆选择行为，从而提高制度运行效率。然而，根据现行制度安排，基本医疗保险制度实行基金责任封顶制，而医疗救助的支持力度很小，因此，虽然我们号称"全民医保"已经实现，但因病致贫、因病返贫的现象并没有完全消除，不少社会成员对疾病存有恐惧之心。为此，需要把反贫困作为基本医疗保障制度的政策目标，改进基本医疗保险和医疗救助制度设计，积极探索基本医疗费用个人责任封顶制，从根本上解决因病致贫、因病返贫问题。关键有两点：一是明确基本医疗费用的范围、服务标准和服务供给方式；二是优化基本医疗保障资源，将更多资源用于大病、重病，而非小病。

3. 稳步提高城乡居民基本养老金水平

我国于2009年开始逐步实行城乡居民基本养老保险制度，但当前城乡居民基本养老金水平仍然较低，难以保障老年居民购买基本生活资料的能力，不能很好担当起防止老年贫困的基本职责。有人认为农民可以依靠土地养老，但事实上纯农户的土地收益很低，有些农业项目甚至是亏本的，更何况老年农民无力参加农业劳动了。因此，需要建立有效的机制，使城乡居民基础养老金能够稳步增长，逐步达到最低生活保障标准的水平。这里的关键是转变观念，明确国家财政对于农民的养老金责任，承认农民对国家的历史贡献并在养老金中予以体现。同时，按照"抑峰填谷"的思路，保持职工基本养老保险待遇的合理增幅，将更多的财政资金用于城乡居民基本养老保险。

（二）提高社会保障效率

当前社会保障资源在人群之间、城乡之间和项目之间配置不够均衡，要建立有效的机制，优化社会保障资源配置，同时创新社会保障相关服务的供给机制，提高社会保障制度乃至全社会风险保障体系的效率。

1. 优化社会保障项目结构

项目设置是社会保障资源配置的基础，直接影响社会保障资源配置的效率。由于历史和现实的诸多原因，我国现行社会保障项目是在

第十一讲 筑牢社会保障底线 全力破解民生之忧

探索中逐步建立并实施的，有些项目职责定位不明，有的项目缺乏充分论证，有的项目缺乏共识，使得社会保障体系整体的资源配置效率降低，甚至引起攀比而造成社会不稳定。因此，要从社会成员基本风险保障需求分析出发，对社会保障项目体系进行整体性设计，明确各项目的职责定位，使各项目之间有清晰的边界，能够有机衔接并减少乃至避免资源浪费。当前的重点，一是梳理照护保障领域的制度和政策，逐步整合业已普遍实施的残疾人护理补贴制度和部分地区实行的老年人养老服务补贴政策等，建立基本照护保障制度，明确其职责是保障失能者的基本照护服务需求。二是梳理老年收入保障领域的制度和政策，将部分地区实行的高龄津贴等项目纳入基本养老金范畴，明确基本养老金制度的职责是保障社会成员年老之后具有购买基本生活资料的能力，逐步减少其对照护、医疗费用等方面的责任，从而减轻职工基本养老保险制度的"负担"。三是梳理医疗保障领域的制度和政策，明确基本医疗保障制度的职责是"保大病"、反贫困，将城乡居民大病保险并入基本医疗保险，加大医疗救助力度。积极探索按照个人责任封顶原则设计基本医疗保障制度，适时推进职工基本医疗保险与城乡居民基本医疗保险制度整合，形成全民基本医疗保险制度。

2. 改进社会保障制度设计

现行社会保障体系中的诸多项目人群分等、制度分设、地区分割、政策差异，而且若干项目的制度设计存在明显的缺陷，降低了制度的公平性和运行效率并使其可持续性令人担忧。因此，要逐步改进制度设计，现阶段的重点：一是按照国民基本保障权益均等的原则，逐步统一社会保障各项目的制度、保障待遇和筹资政策，并充分注意到社会保障相关服务的地区成本差异，采用适宜的统筹层次和基金管理模式，有效落实中央和地方各级政府的责任。二是改革个人账户制度。

逐步淡化职工基本医疗保险个人账户，增强其互助共济功能和资金使用效率；对职工基本养老保险实行"统账分离"式改革，为实行统收统支式全国统筹和基本养老金制度优化奠定基础。三是建立同类社会保障项目之间保障待遇确定和调整的协调机制，按照"抑峰填谷"的思路，控制和缩小群体间的基本保障待遇差距，把财政资金更多地用于农民、弱势群体和低保障人群。

3. 创新社会保障运行机制

一是建立社会保险精算制度，运用现代科学技术，有效把握风险损失规律，按照以支定收的原则筹集各项社会保险资金，避免资金不足或过多结余并保持参保者及其用人单位适度的缴费负担。二是优化社会保障运行规范，改进社会保险参保、缴费和待遇享受的流程，建立社会保障基础信息标准，充分利用大数据、云计算等方法，切实提高社会保障管理服务的专业化、标准化、智能化水平。三是改进社会保险基金管理体制和运作机制，切实提高社会保险基金投资回报率。四是按照供给侧改革的精神，创新社会保障相关服务供给机制，加快开放社会保障密切相关的服务市场，让更多民办的医疗机构、教育培训机构、养老服务机构、残疾人托养机构等进入社会保障服务领域，同时建立健全社会保障经办机构与相关服务供给者之间的平等谈判和协商机制，使服务价格保持适度水平。

（三）形成社会保障共识

社会保障"保基本"的理念并没有在现实中得到很好贯彻，要按照"坚守底线，突出重点，完善制度，引导预期"的精神，培育社会成员对社会保障待遇的理性预期，倡导互助共济、诚实守信的社会保障文化。

第十一讲　筑牢社会保障底线　全力破解民生之忧

1. 建立健全社会保障待遇确定和调整机制，巩固提高社会成员对社会保障制度的信任度

由于众多原因，现行社会保障体系中各项目普遍存在一个问题，即保障待遇确定和调整机制不合理或不健全，不仅造成了诸多矛盾，浪费许多资源，而且在一部分社会成员中形成了不良预期。因此，要从国家治理体系和治理能力现代化的高度，加快建立健全社会保障待遇确定和调整机制，给社会成员以稳定而清晰的预期。当前的重点：一是修改职工基本养老保险待遇计发办法，按照保持购买力不下降的原则确立养老金增长机制，同时制定城乡居民基础养老金稳步增长、尽快实现保基本目标的行动计划。二是健全最低生活保障标准、残疾人两项补贴制度和儿童福利等项目的自然增长机制，确保其实际保障能力不下降。三是稳定职工基本医疗保险待遇水平，稳步提高城乡居民基本医疗保险待遇水平，加大医疗救助力度，逐步建立基本医疗保障待遇清单制度。四是完善社会保障筹资机制，按照人人参与、人人尽责、人人享有的原则，合理分配各主体的社会保险筹资责任，优化筹资结构，稳定并适度减轻用人单位的缴费责任。

2. 加快发展补充性保障，建设多层次社会保障体系

尽管从20世纪90年代开始，我国就确立了多层次社会保障体系建设的思路，但职业年金、商业保险和互助合作保险等补充性保障发展缓慢，社会保障资源在基本保障与补充保障之间的配置失衡，若干基本保障项目的保障待遇超越保基本职责，增加了基金平衡的难度，形成了部分非理性预期。事实上，从风险保障制度的演进历史看，社会保障是国家对风险保障市场的一种干预。这种干预必须是适度的，否则其效果将是负面的。因此，需要按照"保障适度"的原则，使基本保障各项目能够有效担当"保基本、兜底线"职责，同时加快发展

补充性保障。一是鼓励支持中等收入及以上的社会成员,在获得基本保障的基础上,制定适合自身的风险管理计划,自主自愿获得相应的补充性保障,作为美好生活的重要组成部分。二是支持和引导商业保险、互助合作保险及其他金融机构开发适宜的风险保障产品,形成对基本保障项目的有机补充和有效衔接,提高服务能力和经营管理水平。三是建立健全补充性保障市场规则,改进监管,鼓励行业自律。

3. 贯彻落实"共建共享"精神,培育互助共济、诚实守信的社会保障文化

与其他社会政策一样,社会保障制度的有效实施,需要有良好的社会环境,其中最重要的是国民的理解、认同和支持。因此,要通过有效渠道,培育社会保障文化。当前的重点:一是增进社会成员对社会保障基本职责的理解和认同,从而对基本保障待遇形成理性预期。这里要着重阐明"基本保障靠国家,幸福生活靠奋斗"的道理。二是增进社会成员对社会保障互助共济原理的理解。这里要着重阐明社会保障"我为人人、人人为我""大众参与、小众受益、人人安全"的道理,消除"我不会发生事故,不需要参保"的侥幸心理,以及"参保后,我没有发生事故而未获得给付,我吃亏了"的思想。三是培育社会保障相关者诚实守信的习惯。社会成员对于贫困、疾病、伤残、年老和家庭状况等社会保障给付条件的阐述,需要实事求是;参保个人对于自己的基本情况和收入水平,用人单位对于劳动关系、工资总额等信息,都必须如实告知社会保险部门,并及时足额缴纳社会保险费。宣传部门和主流媒体需要正确引导,为社会保障制度深化改革营造良好的舆论氛围。

四、增强社会保障在促进共同富裕中的作用

2021年8月17日,习近平总书记主持召开中央财经委员会第十次会议,研究扎实促进共同富裕问题,研究防范化解重大金融风险、做好金融稳定发展工作问题。习近平总书记在会上发表重要讲话强调,共同富裕是社会主义的本质要求,是中国式现代化的重要特征,要坚持以人民为中心的发展思想,在高质量发展中促进共同富裕。[①]把握新发展阶段,贯彻新发展理念,构建新发展格局,优化社会保障制度,是扎实推进共同富裕发展的重要举措。

(一)社会保障制度是共同富裕的稳定器

在高质量发展中促进共同富裕,既要发挥市场在资源配置中的决定性作用,鼓励勤劳创新致富,允许一部分人、一部分地区先富起来,先富带后富、帮后富,又要发挥中国特色社会主义的制度优势,建立科学的公共政策体系,处理好效率与公平的关系,形成人人享有的合理分配格局,缩小收入分配差距,实现覆盖的全民性、内容的全面性、建设主体的共建性、过程的渐进性、目标的共享性的共同富裕。而要达到这一目的,发展完善社会保障制度是重要行动途径和制度保障。作为现代国家文明制度安排的社会保障制度,其价值导向和目标追求,就是通过保障与改善民生、调节收入分配、促进社会公正、实现人民共享经济发展成果,实现共同富裕。可以说,社会保障制度是公平正义的保障网、共同富裕的稳定器。

---

① 习近平:《共同富裕是社会主义的本质要求,是中国式现代化的重要特征》,求是网2021年8月22日。

(二) 优化制度设计，健全制度体系

要推进基本养老保险和医疗保险改革，健全保险转移接续制度，提升统筹层次，建立适合老龄化社会需求的长期护理保险制度和医养融合型养老服务体系，逐步消除制度碎片，提高制度统一性、公平性和便携性。推进医疗保险体制和支付体制改革，充分发挥公立医院在人民健康和全生命周期卫生健康服务保障中的作用，加快推进健康中国建设。推动城乡居民基本医疗保险一体化建设；增强失业保险制度的适应性与灵活性，扩展失业保险制度预防失业和稳定就业的保障功能；加大生育保险、工伤保险与医疗保险的整合以及科学优化设计。要健全分层分类的社会救助体系。要统筹社会保障四大基本项目：社会保险、社会救助、社会福利、社会优抚。同时做好慈善事业、商业保险补充保障规划，实现功能衔接和互补，建立初次分配、再分配以及第三次分配互动协调机制，兼顾公平与效率，实现社会保障的均衡充分发展。

(三) 扩大保障覆盖面，推进全民共享

让经济社会的发展成果公平惠及所有公民是实现共同富裕的重要目标。要充分发挥大数据优势，推进全民参保。建立灵活就业人员、流动人口等新业态从业人员的参保制度；针对未参保群体，实施分类精准管理，综合利用公安、民政、卫生健康、教育、司法等多部门数据资源进行分析和追踪研判，引导各类人群纳入社会保障体系。要加强社会保障管理，加强社会保障政策执行检查，落实劳动者、用人单位、政府等不同主体的社会保险缴费责任和义务，提高社会保险关系的可转移性和便携性，畅通劳动力流动，提高公众参保意愿，筑牢全民共享的社会保障安全网。要加快弥补社会保障制度短板。坚持目标导向和需求导向，发展养老服务、儿童及妇女福利事业，增强社会保

障制度供给有效性和精准性。

（四）激发管理效能、提升共享份额

随着我国社会保障事业从"快速度扩张"转向"系统集成、协同高效的高质量发展"，下一步工作重点是在坚持共建共享的原则下，坚持以人民为中心思想，加大财政转移支付力度，提高统筹层次、打破户籍壁垒、均衡筹资责任、提升运行效率。一是健全筹资机制。根据经济发展水平，合理确定基本社会保险险种的筹资结构和比例，完善社会统筹与个人账户相结合的制度，均衡政府、用人单位和劳动者的缴费比例。二是提升统筹层次。明确各级政府事权和责任，推动各项社会保险由县市统筹向省级统筹乃至全国统筹迈进。三是完善社会保障待遇调节机制。在统筹考虑各方利益主体的经济承受能力基础上，建立与工资增长、物价增长指数相关联的待遇调整机制，增强制度科学性和合理性及可持续性。四是依托"互联网+""区块链+民生"等信息化技术，完善全国统一的社会保障公共服务平台，通过科技手段提升社会保障公共服务的效率，让更多公众享受到便捷、高效的社会保障服务，不断满足人民群众日益增长的美好生活需要。

学习与思考

1. 党的十八大以来我国社会保障事业取得了哪些重大成就？
2. 当前我国社会保障事业面临哪些艰巨任务？
3. 织密社会保障网络重点要做好哪些工作？
4. 提高社会保障效率重点要从哪方面入手？
5. 如何在全社会促进形成社会保障共识？
6. 如何发挥社会保障在促进共同富裕中的作用？

第十二讲　守住生态保护红线 坚定绿色发展底线

生态环境是人类生存和发展的根基，生态环境变化直接影响着文明的兴衰演替。习近平总书记指出："我们要建设的现代化是人与自然和谐共生的现代化，既要创造更多物质财富和精神财富以满足人民日益增长的美好生活需要，也要提供更多优质生态产品以满足人民日益增长的优美生态环境需要。"① 这从理论和实践层面阐明了人与自然和谐共生的关系，进一步丰富和拓展了现代化的内涵与外延，为推动生态文明建设、实现人与自然和谐共生的现代化，指明了方向、明确了路径。新发展阶段，我们必须以习近平总书记的重要讲话为指导，在发展中牢牢守住生态保护红线，筑牢绿色发展底线。

一、坚持人与自然和谐共生

习近平总书记在中央政治局第二十九次集体学习时指出："我国建设社会主义现代化具有许多重要特征，其中之一就是我国现代化是人与自然和谐共生的现代化，注重同步推进物质文明建设和生态文明建设。"② 坚持人与自然和谐共生，是秉持人与自然生命共同体理念下的

---

① 《决胜全面建成小康社会　夺取新时代中国特色社会主义伟大胜利——在中国共产党第十九次全国代表大会上的报告》，《人民日报》2017年10月28日。
② 习近平：《努力建设人与自然和谐共生的现代化》，《求是》2022年第11期。

第十二讲　守住生态保护红线 坚定绿色发展底线

绿色发展道路，是全面建设社会主义现代化国家的内在要求，是中国式现代化的价值指向。

一方面，"现代化"对于中国这样的发展中大国来说，意味着逐步建立一个富强民主文明和谐美丽的社会主义现代化强国，而支撑它的是完整发达的现代经济科技体系、现代化的治理体系与治理能力、既承继悠久传统又充满创新活力的现代社会与文化。我们对于当今世界主流的现代化目标的追求是坚定不移的，我们始终坚定地走在人类文明进步的大道上。无论是中国式现代化新道路还是人类文明新形态，本质上都是沿承并弘扬人类社会现代化进程、人类文明进步进程的，没有任何偏离或"另起炉灶"。当然，我们关于现代化本身的目标认知与追求，也是与时俱进、不断更新的。

另一方面，"人与自然和谐共生"所要表达的并不仅仅是一种哲学伦理意义上的感知状态或境界，更主要的是一种不同于传统现代化发展理念、模式的生态优先、绿色发展的战略和道路。与西方发达国家相比，我国生态文明建设最根本的不同，就在于不是就环境治理环境，而是基于中国系统思维、内生治理的智慧，通过改变现有的生产、生活和发展方式，实现源头治理，推动绿色经济转型。也就是说，在新时代中国特色社会主义生态文明建设的背景与语境下，"人与自然和谐共生"的哲学伦理观念已经重塑了我们关于现代化发展的目标愿景、方针原则和战略选择。

中华民族向来尊重自然、热爱自然，绵延5000多年的中华文明孕育着丰富的生态文化。可以说，"人与自然和谐共生"是源远流长的中华文明精粹，延续了"天人合一、道法自然"的文明根脉，而"现代化"是民族复兴梦想，是"第二个百年"的矢志追求。建设人与自然和谐共生的现代化，体现了历史和未来的交汇。提出"建设人与自然和谐共生的现代化"的目标,是为了主动适应中国特色社会主义进入新时代之后社会主要矛盾所发生的重大变化,更好地带领中国人民实现建设富强民主文明和谐美丽的社会主义现代化强国的既定目标。这一目标的推进落实意味着我们必须把握新发展阶段、贯彻新发展理念、构建新发展格局,从而实现高质量发展。必须把生态优先、绿色发展理念与战略贯穿于"十四五"及国家中长期发展规划执行落实的各方面和全过程。

"坚持人与自然和谐共生",要求我们在建设现代化的过程中自觉坚持绿色发展理念,坚持人与自然生命共同体、人类命运共同体的地球生命共同体意识,坚持节约优先、保护优先、自然恢复为主的方针。因此,要推动发展与保护协同共进,统筹经济发展、民生保障和生态环境保护,充分发挥生态环境保护的引领、优化和倒逼作用,推动建立健全绿色低碳循环发展的经济体系。要深入打好污染防治攻坚战,以改善生态环境质量为核心,以精准治污、科学治污、依法治污为工作方针,统筹污染治理、生态保护、应对气候变化,以更高标准打好蓝天、碧水、净土保卫战。要不断健全完善生态文明制度体系,构建党委领导、政府主导、企业主体、社会组织和公众共同参与的"大环保"格局。要推动构建地球生命共同体,深度参与全球环境治理,切实履行气候变化、生物多样性等环境公约,为全球可持续发展提供中国智慧、中国方案,作出中国贡献。

二、坚持绿水青山就是金山银山

习近平总书记提出的"绿水青山就是金山银山"[①] 这个"两山论"

[①] 习近平:《树立"绿水青山就是金山银山"的强烈意识》,《人民日报》2016年12月3日。

第十二讲 守住生态保护红线 坚定绿色发展底线

的重要理念的核心论点，就是正确处理好经济发展和生态环境保护之间的关系。今天，这一理念已经成为全党全社会的共识和行动。

一是经济发展和生态环境保护都是我国现代化发展的基本目标，也都是广大人民群众幸福感、获得感的重要来源，"绿水青山""金山银山"都很宝贵，绝不能将二者机械地割裂开来或简单对立起来。

二是良好的生态环境在一定条件下或经过适当渠道路径，可以转化成为经济发展优势，因而探索适当的转化路径和机制至关重要。

三是随着我国经济总体实力的不断提升和现代化发展阶段的变化，我们正在具备越来越有利的物质经济条件与社会文化环境，有能力来改善我国的生态环境质量和生态系统多样性与安全，让祖国的绿水青山变得更加美丽。

生态环境保护能否落到实处，关键在党员干部。"两山论"如同一个理念的指南针，有力校准干部的发展观、政绩观，在实现什么样的发展、创造什么样的政绩等方面指引正确方向和路径。

"两山论"指引的是造福人民的发展。党员干部要牢固树立抓经济建设和抓生态文明建设都是自己职责所在、使命所在、初心所在的正确政绩观。满足人民日益增长的美好生活需要和满足人民日益增长的优美生态环境需要都是关乎我们党使命宗旨的重要目标，是广大党员干部的职责使命所在。从"求生存"到"求生态"，从"盼温饱"到"盼环保"，随着社会进步和人民生活水平的提高，群众对干净水质、绿色食品、清新空气、优美环境等生态的需求更为迫切。良好生态环境是最公平的公共产品，是最普惠的民生福祉。践行以人民为中心的发展思想，必须在生态环境上交出合格答卷。绝对不能做出无意或故意制造二者对立的不明智之举，比如个别地区为了完成年度减碳指标，在推进清洁取暖工程中，忽视取暖效果，采取禁止烧柴燃煤、封炕封灶等极端手段,导致群众挨冷受冻。必须认识到,无论是改善环境还是保障供暖,都是为了让人民受益。只有坚持以人民为中心,加快改善环境质量,让人民群众享受到蓝天白云、繁星闪烁,清水绿岸、鱼翔浅底,才能不断提高对优美生态环境的获得感、幸福感、安全感。

"两山论"指引的是更有质量和效益的发展。一个地方的发展,有没有含金量,不能光看经济指标,还要看创新、生态、社会效益、可持续性等方面的表现。习近平总书记强调:"一定要树立大局观、长远观、整体观,不能因小失大、顾此失彼、寅吃卯粮、急功近利。"① 生态恶化的病根在于发展方式之弊,只有改变高投入、高消耗、高污染的粗放发展方式,把发展的基点放到创新上来,让绿色发展理念重塑发展方式,才能从根本上改善生态环境,取得有效益、有质量、可持续的发展实绩。要大力加强对领导经济建设规律、经济与行政管理科学知识、自然生态科学的系统性学习与自觉运用,努力做到在推动经济社会现代化发展的过程中保持和促进人与自然、社会与自然关系的统筹协调,推动建设人与自然和谐发展的现代化新格局。

现实中,一些领导干部放不下"唯GDP"的思维定式,为了数字好看、排名靠前,不惜牺牲生态环境换取一时一地经济增长,干了不少竭泽而渔、杀鸡取卵的事情,造成了严重后果。对领导干部来说,绿色发展首先是思想上的一场深刻革命。领导干部在推动绿色发展时,要时常问问自己,是立足眼前看,还是用大历史的视角去看?立足一域看,还是站在国家整体去看?孤立地看生态,还是辩证系统地去看?只有以人民情怀、历史担当,把目光放长远、算大账,尊重自然规律,像保护眼睛一样保护生态环境,像对待生命一样对待生态环境,才能

---

① 《这件事上,习近平说"一定要算大账、算长远账"》,人民网－中国共产党新闻网 2020 年 6 月 5 日。

彻底告别"先污染后治理"的老路，走出一条经济发展和生态环境和谐共生的新路。必须始终铭记，人类社会对于自然生态的认知水平及预判能力都还是有限的，必须给大自然留下足够的自我修复空间和余地。

三、坚持山水林田湖草是生命共同体

习近平总书记把人与山水林田湖草连在一起，生动形象地阐述了人与自然之间唇齿相依、唇亡齿寒的一体性关系。

生态本身就是一个有机的系统，生态治理也应该以系统思维考量、以整体观念推进，这样才能顺应生态环保的内在规律。面对自然资源和生态系统，不能从一时一地来看问题，一定要树立大局观，算大账、算长远账、算整体账、算综合账。梳理近年来生态文明建设取得的成绩，综合性、系统性是一个鲜明特点。有沙漠的绿化，毛乌素沙地茫茫沙海变成大片绿洲；有水和大气的治理，黄河水质明显改善，全国重点城市空气质量明显提升；有生态文明体制改革的推进，各项制度不断完善。按照系统思维推进生态环保，日益成为共识。

党的十八大以来，习近平总书记从生态文明建设的整体视野提出"山水林田湖草是生命共同体"[1]的论断，强调"统筹山水林田湖草系统治理"[2]"全方位、全地域、全过程开展生态文明建设"[3]。推进生态文明建设，需要符合生态的系统性，坚持系统思维、协同推进。"沙进人退"转为"绿进沙退"，各自为战转为全域治理，多头管理转为统筹

---

[1] 习近平：《推动我国生态文明建设迈上新台阶》，《求是》2019年第3期。
[2] 《习近平春节前夕赴贵州看望慰问各族干部群众 向全国各族人民致以美好的新春祝福 祝各族人民幸福吉祥祝伟大祖国繁荣富强》，新华网2021年2月5日。
[3] 习近平：《推动我国生态文明建设迈上新台阶》，《求是》2019年第3期。

协同。生态环境保护领域之所以发生历史性变革、取得历史性成就,一个重要原因就在于牢固树立、深入践行了"山水林田湖草是生命共同体"的系统思想。

理念是行动的先导。系统治理全面落实在各项改革和制度建设中。在污染防治中,顺应空气、水流变动不居、跨区流动的特点,更加强调不同地区之间的协调联动、相互配合,防止各自为政、以邻为壑;在环境治理中,划定生态环保红线、优化国土空间开发格局、全面促进资源节约等各方面齐头并进,更加注重不同领域之间的分工协作,避免某一个方面拖后腿;在生态文明体制改革中,更加注重各项制度之间的关联性、耦合性,生态治理的宏观体制、中观制度、微观机制都在不断完善,治理体系更加完整、治理能力更加优化。生态本身就是一个有机的系统,生态治理也应该以系统思维考量、以整体观念推进,这样才能顺应生态环保的内在规律,取得生态治理的最优绩效。

"山水林田湖草是生命共同体"的系统思想,要求我们树立生态治理的大局观、全局观。习近平总书记深刻指出:"人的命脉在田,田的命脉在水,水的命脉在山,山的命脉在土,土的命脉在树"[1]。由山川、林草、湖沼等组成的自然生态系统,存在着无数相互依存、紧密联系的有机链条,牵一发而动全身。无论是哪个地方、哪个部门,无论处于生态环保的哪个环节,都应该意识到,自己的行为会经由生态系统的内部传导机制影响到其他地方,甚至影响到生态环保大局。因此,面对自然资源和生态系统,不能从一时一地来看问题,一定要树立大局观,算大账、算长远账、算整体账、算综合账,如此才能形成系统性的治理,实现生产、生活、生态的和谐统一。

"山水林田湖草是生命共同体"的系统思想,要求我们在生态环境

---

[1] 《习近平谈生态文明》,人民网—中国共产党新闻网 2014 年 8 月 29 日。

治理中更加注重统筹兼顾。长期以来，生态环境保护领域存在各自为政、九龙治水、多头治理等问题。如果种树的只管种树、治水的只管治水、护田的只管护田，就很容易顾此失彼，生态就难免会遭到破坏。统筹山水林田湖草系统治理，旨在从系统工程和全局角度寻求新的治理之道，不能头痛医头、脚痛医脚、各管一摊、相互掣肘，而是通过统筹兼顾、整体施策、多措并举，推动生态环境治理现代化。打通地上和地下、岸上和水里、陆地和海洋、城市和农村、一氧化碳和二氧化碳，对山水林田湖草进行统一保护、统一修复，为打好污染防治攻坚战、建设美丽中国，夯基筑台、保驾护航。

"暮春三月，江南草长，杂花生树，群莺乱飞"。在那些流传千古的诗句中，美好的环境从来都是由多重元素组成的，有花、有树、有群莺。今天，我们推进生态文明建设，更应遵循"山水林田湖草是生命共同体"的系统思想，下大力气推动生态环境整体性保护和系统性修复，让美丽中国呈现多元之美、系统之美。

四、坚持良好生态环境是最普惠的民生福祉

"环境就是民生，青山就是美丽，蓝天也是幸福"[①]"发展经济是为了民生，保护生态环境同样也是为了民生"[②]……党的十八大以来，习近平总书记在众多场合多次强调环境保护在民生事业中不可或缺的地位，充分体现了以习近平同志为核心的党中央的人民情怀。

良好生态环境是最公平的公共产品，是最普惠的民生福祉。这一理念源自我们党全心全意为人民服务的根本宗旨。在我们党 100 年来

[①] 习近平：《推动我国生态文明建设迈上新台阶》，《求是》2019 年第 3 期。
[②] 习近平：《推动我国生态文明建设迈上新台阶》，《求是》2019 年第 3 期。

的奋斗历程中，改善民生、造福人民始终是目标追求。习近平总书记强调："生态环境是关系党的使命宗旨的重大政治问题，也是关系民生的重大社会问题。"① 坚定走生产发展、生活富裕、生态良好的文明发展道路，建设美丽中国，提供更多优质生态产品以满足人民日益增长的优美生态环境需要，是新时代我们党始终把人民放在心中最高位置、始终全心全意为人民服务、始终为人民利益和幸福而不懈奋斗的必然选择。

"民之所好好之，民之所恶恶之。"重视生态环境保护，还源自广大人民群众对改善生态环境质量的热切期盼。改革开放以来，我国经济社会发展和人民生活水平不断提高，人民群众总体幸福指数得到大幅提升，但生态环境等问题也开始凸显。特别是中国特色社会主义进入新时代，人民美好生活需要日益广泛。老百姓过去"盼温饱"，现在"盼环保"；过去"求生存"，现在"求生态"。当前，生态环境问题已经成为全面建成社会主义现代化强国的突出短板，扭转环境恶化、提高环境质量是广大人民群众的热切期盼。大力推进生态文明建设，提供更多优质生态产品，就是在积极回应人民群众的所想、所盼和所急。

有利于百姓的事再小也要做，危害百姓的事再小也要除。加强生态文明建设，必须把解决突出生态环境问题作为民生优先领域。习近平总书记在参加十三届全国人大二次会议内蒙古代表团审议时强调："解决好人民群众反映强烈的突出环境问题，既是改善环境民生的迫切需要，也是加强生态文明建设的当务之急。"② 当前，重污染天气、黑臭水体、垃圾围城、农村环境等问题已成为民心之痛，严重影响人民群众生产生活，必须下大气力解决好这些问题。我们要严格管控生

---

① 习近平：《推动我国生态文明建设迈上新台阶》，《求是》2019年第3期。
② 习近平：《保持加强生态文明建设的战略定力 守护好祖国北疆这道亮丽风景线》，《人民日报》2019年3月6日。

第十二讲 守住生态保护红线 坚定绿色发展底线

态保护红线，推进城镇留白增绿，使老百姓享有惬意生活休闲空间；集中优势兵力，动员各方力量，一个战役一个战役打，打一场污染防治攻坚的人民战争。

习近平总书记指出："每个人都是生态环境的保护者、建设者、受益者，没有哪个人是旁观者、局外人、批评家，谁也不能只说不做、置身事外。"[①] 加强生态文明建设，就要把建设美丽中国转化为全体人民自觉行动。目前，一些人的思想观念仍然停留在传统工业文明时代，在对待人与自然的关系上，把自然作为人认识、利用、改造甚至征服的对象。对此，我们要尽快建立生态意识教育和宣传两大体系，全面提高公众生态意识，在全社会牢固树立生态文明观念；开展全民绿色行动，动员全社会都以实际行动减少能源资源消耗和污染排放，为生态环境保护作出贡献。

五、坚持用最严格制度最严密法治保护生态环境

建设生态文明，是一场涉及生产方式、生活方式、思维方式和价值观念的革命性变革。习近平总书记指出："只有实行最严格的制度、最严密的法治，才能为生态文明建设提供可靠保障。"[②] 在生态环境保护问题上，就是不能越雷池一步，否则就应该受到惩罚。

改革开放以来特别是党的十八大以来，我国制定出台和修订完善一系列关于生态文明建设的制度规定和法律法规，生态文明制度体系日趋完善，推动生态环境质量持续好转。但也应看到，生态文明制度体系建设并非一劳永逸，依然任重道远，需要继续扎实推进，切实用

---

① 习近平：《推动我国生态文明建设迈上新台阶》，《求是》2019年第3期。
② 习近平：《建设美丽中国，改善生态环境就是发展生产力》，人民网—中国共产党新闻网2016年12月1日。

最严格制度最严密法治保护生态环境。

（一）我国生态文明制度体系日趋完善

建设生态文明是涉及生产方式、生活方式、思维方式和价值观念的革命性变革，需要制度和法治作保障。党的十八大以来，党中央大力推进生态文明制度体系的建立、完善和实施，制度出台频度之密、监管执法尺度之严、环境质量改善速度之快前所未有。

我国先后制定和实施自然资产产权制度、国土空间开发保护制度、资源总量管理和全面节约制度等一系列制度，建立并实施中央环境保护督察制度，大力推动绿色发展，深入实施大气、水、土壤污染防治三大行动计划，率先发布《中国落实2030年可持续发展议程国别方案》，实施《国家应对气候变化规划（2014—2020年）》。特别是2015年中共中央、国务院印发的《关于加快推进生态文明建设的意见》和《生态文明体制改革总体方案》，进一步明确了生态文明建设的总体要求、目标愿景、重点任务和制度体系。目前，覆盖全国的主体功能区制度和资源环境管理制度已经建立，中央环保督察实现了31个省区市全覆盖，生态文明制度体系逐步确立、日趋完善。同时，在生态环境保护、监管和执法上出实招，用法治为生态文明建设保驾护航。先后颁布或修改了环境保护法、大气污染防治法、水污染防治法等法律法规，出台了《环境监察办法》《环境监测管理办法》等100多项政策规章，努力实现生态文明建设在各领域各环节均有法律政策可依、有规章制度可循。

（二）生态文明制度体系建设仍存在一些问题

目前，我国生态文明建设仍不同程度存在体制不完善、机制不健全、法治不完备的问题，造成生态文明制度体系的合力不足、驱动不够、执行不力，影响了生态文明建设进程。

制度建设还存在碎片化、分散化、部门化现象，难以实现制度体系合力的最大化，部门职责交叉重复、空间规划重叠冲突、地方规划朝令夕改等问题仍在一定范围存在。例如，首轮中央环保督察的反馈意见显示，各地均存在生态文明建设"推进落实不够有力""降低标准、放松要求""隐瞒违法事实"等现象；不少地方的法律规范、政策文件与中央政策和国家法律相抵触。在生态环境部等七部门联合开展的"绿盾2017"国家级自然保护区监督检查专项行动中，就废止相关地方性法律法规12部，修订51部。

自然资源及其产品价格偏低、生产开发成本低于社会成本、保护生态得不到应有回报等问题仍然普遍存在。从生态产品的需求来看，由于它具有公共产品的特点，社会需求具有无限性；而从生态产品的供给来看，由于市场机制不健全，不能充分实现价值补偿，市场主体提供生态产品的积极性不高。生态产品供求机制不健全产生的矛盾，限制了生态产品的供给，制约着生态文明建设。

生态环境监管职能交叉、权责不一致、违法成本过低以及发展绩效评价不全面、责任落实不到位、损害责任追究缺失等问题仍然不同程度存在。一些重大生态环境事件背后，往往都有一些地方环保意识不强、履职不到位和执法监督作用发挥不好的问题。

（三）进一步发挥生态文明制度体系的保障作用

扎实推进生态文明制度体系建设，是深入推进生态文明建设的重中之重，要着力破除制约生态文明制度体系建设的"拦路虎"，进一步发挥生态文明制度体系的保障作用。

扎实推进生态文明制度体系建设，首先要在完善制度设计上下功夫，用制度强化各级党委和政府的生态职能，明确主要领导是本行政区域生态环境保护第一责任人，将资源消耗、环境损害、生态效益等作为经济社会发展评价体系的重要指标，切实用好考核评价的"指挥棒"，让制度体系合力充分发挥。其次要充分运用市场化手段，完善资源环境价格机制，采取多种方式支持政府和社会资本合作项目，加大重大项目科技攻关，对重大生态环境问题开展对策性研究，建立反映市场供求和资源稀缺程度、体现生态价值和代际补偿的资源有偿使用制度和生态补偿制度。再次要看到，制度设计再完善，不落实也只能是没有牙齿的老虎。强化制度落实，要针对环保意识不强、履职不到位、执行不严格等问题，按照依法依规、客观公正、科学认定、权责一致、终身追究的原则，建立科学合理的考核评价体系，并将考核结果作为各级领导班子、领导干部奖惩和提拔使用的重要依据。进一步提高违法违规成本，加大执法力度，对破坏生态环境的行为严惩重罚，对造成严重后果的人依法追究责任，真正让制度成为刚性的约束和不可触碰的高压线。

六、坚持共谋全球生态文明建设

人类是命运共同体，建设绿色家园是人类的共同梦想。保护生态环境是全球面临的共同挑战，任何一国都无法置身事外。

随着全球气候变化对人类社会构成重大威胁，越来越多的国家将"碳中和"上升为国家战略，提出了无碳未来的愿景。2020年，中国基于推动实现可持续发展的内在要求和构建人类命运共同体的责任担当，宣布了碳达峰和碳中和的目标愿景。"双碳"目标提出有着深刻的国内外发展背景，必将对经济社会产生深刻的影响；"双碳"目标的实现也应放在推动高质量发展和全面建设社会主义现代化的战略全局中综合考虑。

（一）"双碳"目标提出的背景

目前，全球每年向大气排放约510亿吨的温室气体，要避免气候灾难，人类需停止向大气中排放温室气体，实现零排放。《巴黎协定》所规定的目标，是要求联合国气候变化框架公约的缔约方，立即明确国家自主贡献减缓气候变化，碳排放尽早达到峰值，在本世纪中叶，碳排放净增量归零，以实现在本世纪末将全球地表温度相对于工业革命前上升的幅度控制在2℃以内。多数发达国家在实现碳排放达峰后，明确了碳中和的时间表，芬兰确认在2035年，瑞典、奥地利、冰岛等国家在2045年实现净零排放，欧盟、英国、挪威、加拿大、日本等将碳中和的时间节点定在2050年。作为世界上最大的发展中国家和最大的煤炭消费国，中国尽快达峰以及与其他国家共同努力到本世纪中叶左右实现二氧化碳净零排放对全球气候应对至关重要。

改革开放以来，中国经济加速发展，目前已成为全球第二大经济体、绿色经济技术的领导者，全球影响力不断扩大。事实证明，只有让发展方式绿色转型，才能适应自然规律。同时，我国社会主要矛盾已经转化为人民日益增长的美好生活需要和不平衡不充分的发展之间的矛盾，而对优美生态环境的需要则是对美好生活需要的重要组成部分。为此，2020年，中国基于推动实现可持续发展的内在要求和构建人类命运共同体的责任担当，宣布了碳达峰、碳中和目标愿景。2021年4月30日，习近平总书记在中央政治局进行第二十九次集体学习时强调："降低二氧化碳排放、应对气候变化不是别人要我们做，而是我们自己要做。实现碳达峰、碳中和是我国向世界作出的庄严承诺，也是一场广泛而深刻的经济社会变革，绝不是轻轻松松就能实现的。现在，一些部门和地方上马高耗能、高排放项目的冲动依然强烈。在今年1月举行的省部级主要领导干部学习贯彻党的十九届五中全会精神专题研讨班上，我专门强调要注意防范八个认识误区，其中一个认识误区就是借扩大内需、形成国内大市场之机，大搞高能耗、高排放的项目。有关部门和地方要严把关口，不符合要求的项目要坚决拿下来！各级党委和政府要拿出抓铁有痕、踏石留印的劲头，明确时间表、路线图、施工图，推动经济社会发展建立在资源高效利用和绿色低碳发展的基础之上。"① 未来，中国将着眼于建设更高质量、更开放包容和具有凝聚力的经济和社会体系，形成更为绿色、高效和可持续的消费与生产力为主要特征的可持续发展模式，共同谱写生态文明新篇章。

（二）"双碳"目标带来的挑战和机遇

作为发展中国家，我国目前仍处于新型工业化、信息化、城镇化、农业现代化加快推进阶段，实现全面绿色转型的基础仍然薄弱，生态环境保护压力尚未得到根本缓解。当前我国距离实现碳达峰目标已不足10年，从碳达峰到实现碳中和目标仅剩30年左右的时间，与发达国家相比，我国实现"双碳"目标，时间更紧、幅度更大、困难更多。但从辩证的角度看，"双碳"目标的实现过程，也是催生全新行业和商业模式的过程，我国应顺应科技革命和产业变革大趋势，抓住绿色转型带来的巨大发展机遇，从绿色发展中寻找发展的机遇和动力。

1. 面临挑战

对产业结构调整带来的挑战。当前中国煤炭和石油消费量较高，

---

① 习近平：《努力建设人与自然和谐共生的现代化》，《求是》2022年第11期。

第十二讲 守住生态保护红线 坚定绿色发展底线

从能源供应系统到能源消费行业、相应的重大基础设施，需在2060年前完全实现脱碳化改造升级，存在巨大挑战。"双碳"目标下，高能耗地区的产业结构调整将成为能源消费强度控制的着眼点之一，以煤炭为主的传统能源地区，将面临主体性产业替换的严重冲击；钢铁、有色、化工、水泥等高耗能产业为主导的区域也将面临同样的挑战。

对技术创新高要求带来的挑战。中国还处在工业化、城镇化推进过程中，CCUS技术链条发展应用水平不一致，对低碳技术、零碳技术、负碳技术等技术创新的需求逐渐增大。如何在清洁能源运输优化、存储等技术上实现突破，碳捕集技术如何实现有效应用、升级并逐渐趋于成熟等，均是"双碳"目标下面临的巨大挑战。

对区域财政可持续带来的挑战。山西、内蒙古、陕西、黑龙江等采矿大省，青海、内蒙古、云南等电力大省，贵州、甘肃、青海等建筑大省，地方财政对采矿业、电力行业、建筑业等依赖程度较高。"双碳"战略的实施将不可避免对相关区域的主导产业产能造成巨大冲击，进而导致经济效益下降和产能过剩，给当地财政的可持续发展造成相当的冲击。

对区域金融体系带来的挑战。能源和经济低碳转型，将不可避免导致高碳排放的资产价值下跌，引致资产搁浅、高碳资产泡沫破灭、高碳产业和企业消失，贷款、债券违约和投资损失风险上升，进而成为区域乃至整个金融体系稳定的风险源。

2. 面临机遇

为提升国际竞争力带来机遇。"双碳"目标为中国经济社会高质量发展提供了方向指引，是一场广泛而深刻的经济社会系统性变革。快速绿色低碳转型为中国提供了和发达国家同起点、同起步的重大机遇，中国可主动在能源结构、产业结构、社会观念等方面进行全方位深层次的系统性变革,提升国家能源安全水平。若合理布局5G、人工智能等新兴产业,将为自主创新与产业升级带来独特机遇,推动国内产业加快转型,有力提振中国经济竞争力,巩固科技领域国际领先者的地位。

为低碳零碳负碳产业发展带来机遇。2010—2019年间,中国可再生能源领域的投资额达8180亿美元,成为全球最大的太阳能光伏和光热市场。2020年中国可再生能源领域的就业人数超过400万,占全球该领域就业总人数的近40%。"双碳"背景下,新能源和低碳技术的价值链将成为重中之重,中国也可借此机遇,进一步扩大绿色经济领域的就业机会,催生各种高效用电技术、新能源汽车、零碳建筑、零碳钢铁、零碳水泥等新型脱碳化技术产品,推动低碳原材料替代、生产工艺升级、能源利用效率提升,构建低碳、零碳、负碳新型产业体系。

为绿色清洁能源发展带来机遇。在我国能源产业格局中,煤炭、石油、天然气等产生碳排放的化石能源占能源消耗总量的84%,而水电、风电、核能和光伏等仅占16%。目前,我国光伏、风电、水电装机量均已占到全球总装机量的三分之一左右,领跑全球。若在2060年实现碳中和,核能、风能、太阳能的装机容量将分别超过目前的5倍、12倍和70倍。为实现"双碳"目标,中国将进行能源革命,加快发展可再生能源,降低化石能源的比重,巨大的清洁、绿色能源产业发展空间将会进一步打开。

为新的商业模式创新带来机遇。"双碳"目标有助于中国提高工业全要素生产率,改变生产方式,加快节能减排改造,培育新的商业模式,从而实现结构调整、优化和升级的整体目标。环保产业将从纯粹依赖以投资建设为主要模式的末端污染治理方式,转向以运维服务、高质量绩效达标为考核指标的方式。企业也将加快制定绿色转型发展新战略，借助数字技术和数字业务推动商业模式转型和数字化商业生态重构，以体制与技术创新形成低碳、低成本发展模式及绿色低碳投融资合作模式。

（三）"双碳"目标实现的路径

实现碳达峰、碳中和不是一个可选项，而是必选项。中国推进碳达峰、碳中和，应放在推动高质量发展和全面实现现代化的战略大局和全局中综合考虑，按照源头防治、产业调整、技术创新、新兴培育、绿色生活的路径，加快实现生产生活方式绿色变革，推动如期实现"双碳"目标。

推进源头防治。按照30、60目标加快推进减碳步伐，加强源头管控，防止经济被高碳锁定。深入打好污染防治攻坚战，将降碳作为源头治理的"牛鼻子"，坚持源头防治、综合施策，切实转变理念方法，强化多污染物协同控制和区域协同治理。推进精准、科学、依法、系统治污，严控高耗能、高污染"两高"项目，严把新建、改建、扩建高耗能、高排放项目的环境准入关，开展排查清理，协同推进减污降碳，加快推动生态环境治理模式由末端治理向源头防治转变。

调整产业结构。电力的脱碳必须先于更大范围的整体经济脱碳，要加快推进电力产业的脱碳和结构转型，加速能源清洁化和高效化的发展，逐步淘汰未采取CCUS技术的燃煤发电，快速增加以可再生能源为主，以核能、碳捕集、利用和封存为辅的多种技术组合发电。大力推进节能降碳重点工程，加快推进电力、钢铁、有色、建材、石化、化工等重点行业节能改造。推动终端制造产业电气化、数字化、智能化转型，在无法实现电气化或电气化经济效益不可行的情况下，在制造和交通领域改用氢能、生物质能等燃料。加快固碳等环保产业发展，对于难以脱碳的设施和工艺，采用去碳、固碳技术实现碳中和。着重加强生态农业、生态保护、生态修复等产业扶持力度，深入实施重点生态建设工程，完善碳汇体系，提升生态系统质量和固碳能力。

加强技术创新。支持科研人员对碳捕集利用与封存（CCUS）、等离激元人工光合、微矿分离等关键技术的研发，整合减碳、零碳和负碳技术。采用创新工艺流程、使用热泵技术等改变现有设备、工艺的运作模式，推动节能减排。大力发展电化学储能等新型储能技术，积极推广不依赖化石燃料的关键技术、先进用能技术和智能控制技术，大幅提升资源循环利用效率，推进新型清洁能源回收循环再利用技术的突破和成熟。加快大数据、区块链、人工智能等前沿技术在绿色经济技术中的应用，提升重点行业用能效率，降低用能成本，助力能源高效化、清洁化、可持续化发展。

培育新兴产业。大力发展数字经济、高新科技产业和现代服务业，培育绿色低碳新产业。完善绿色产品推广机制，推广合同能源管理（EMC）服务，扩大低碳绿色产品供给。建设碳排放气候变化投融资政策体系，建立以企业为主体的碳交易市场。支持开发碳金融活动，大力发展绿色信贷、绿色债券、绿色保险等绿色金融产品，建立有利于低碳技术发展的投融资机制，探索碳期货等衍生产品和业务，设立碳市场有关基金，激活碳汇资产。

倡导绿色生活。开展碳达峰全民行动，加强政策宣传教育引导，提升群众绿色低碳意识，倡导简约适度、绿色低碳的生活方式，推动生活方式消费模式加快向简约适度、绿色低碳、文明健康的方式转变。推广使用远程办公、无纸化办公、智能楼宇、智能运输和产品非物质化等技术，开展创建节约型机关、绿色家庭、绿色学校、绿色社区和绿色出行等行动，创建碳中和示范企业、示范园区、示范村镇。不断

第十二讲 守住生态保护红线 坚定绿色发展底线

推广绿色建筑、低碳交通、生活节水型器具，深入广泛开展形式多样的垃圾分类宣传，普及垃圾分类常识，稳步推进垃圾精细化分类。培养市民形成绿色出行、绿色生活、绿色办公、绿色采购、绿色消费习惯，着力创造高品质生活，构建绿色低碳生活圈。

"十四五"时期，我国生态文明建设进入以降碳为重点战略方向、推动减污降碳协同增效、促进经济社会发展全面绿色转型、实现生态环境质量改善由量变到质变的关键时期。一方面，碳达峰、碳中和与"两个一百年"奋斗目标相契合，将是未来数十年内我国经济社会发展的主基调之一。要从构建新发展格局、推进高质量发展的高度，来认识"双碳"战略实施所带来的发展机遇与挑战。实质上，促进经济社会发展全面绿色转型，本身就是建设人与自然和谐共生的现代化的重要内容；人与自然和谐共生的现代化不断推进，又会进一步促进经济社会发展全面绿色转型。因而，坚定不移贯彻落实党中央决策部署，在"双碳"战略实施过程中形成新发展优势，积极加入这场经济社会发展全面绿色转型的大潮中，动手越早越主动、徘徊观望越久越被动。

另一方面，要从践行人类命运共同体理念和推进全球生态文明建设的视野，来理解"双碳"战略及其实施所带来的发展机遇与挑战。随着世界各国陆续公布落实《巴黎协定》目标的"双碳"时间表，碳达峰、碳中和已成为国际环境政治合作与博弈的主战场，世界主要大国或区域集团都希望争取到自身的话语权、影响力。我国既继续捍卫作为发展中大国的基本发展权益，抗拒少数西方发达国家的霸权主义做派，也通过更加主动深度的参与实践，来逐渐扩大在整个国际环境治理制度体系中的引领作用。

除了理论认识水平的提高，更为关键的是党员干部自身能力的培养与提升。这其中，宏观、中观和微观层面上的能力素养是同等重要的。在宏观层面上增强统筹全局能力,从全球气候变化应对的视野,从统筹推进"五位一体"总体布局、推进生态文明建设的高度,来规划与推进地区或部门的"双碳"战略。在中观层面上着力增强协调推进、全国一盘棋的气度和能力,从绿色高质量发展整体推进和促进经济社会发展全面转型的层面,来科学布局与推进地区或行业的"双碳"战略。在微观层面上着力学习专业知识,提升成为行家里手的素质和能力,从党和国家政策执行和区域或行业战略举措的层面,来高效落实与切实推动"双碳"战略。

七、以生态保护促进经济高质量发展

推动高质量发展,是根据我国发展阶段、发展环境、发展条件变化作出的科学判断。需要看到的是,高质量发展不只是一个经济要求,而是对经济社会发展方方面面的总要求;不是只对经济发达地区的要求,而是所有地区发展都必须贯彻的要求;不是一时一事的要求,而是必须长期坚持的要求。"生态环境持续改善,生态安全屏障更加牢固,城乡人居环境明显改善"是经济社会发展主要目标的重要内容,如何在生态环境保护工作中贯彻落实、充分体现高质量发展的要求,是党员干部必须认真思考的问题。

首先,我国社会主要矛盾已经转化为人民日益增长的美好生活需要和不平衡不充分的发展之间的矛盾,发展中的矛盾和问题集中体现在发展质量上。这既要求我们必须把发展质量问题摆在更为突出的位置,着力提升发展质量和效益,又要求我们用更宽广的维度和视角去理解和把握高质量发展的要求,并将其贯彻落实到经济、社会、文化、生态等各领域,而不是仅仅局限于经济领域。

第十二讲 守住生态保护红线 坚定绿色发展底线

其次，生态环境保护和高质量发展在本质上、目标上表现出统一性和一致性，良好的生态环境既是生产力要素之一，也是高质量发展的重要内容。从本质上看，高质量发展要求以较少的资源能源消耗和环境成本来实现发展，要求在尊重自然规律、经济规律、社会规律的同时推动生态环境保护。从目标上看，高质量发展的目的在于满足人民对美好生活的需要，包括人民对优美生态环境的需要。生态环境保护的重要目标之一，就在于为人民群众提供更多更优质的生态产品。与此同时，在生态环境保护领域体现高质量发展要求，也能为其他领域的高质量发展提供有力支撑、拓展更大空间。

再次，推动生态环境保护高质量发展，是全面建设社会主义现代化国家战略安排的重要一环。当今世界正经历百年未有之大变局，我国发展的外部环境日趋复杂。更好防范化解各类风险隐患，积极应对外部环境变化带来的挑战，关键在于办好自己的事，在质量效益明显提升的基础上实现经济持续健康发展。这里特别值得注意的是，推动高质量发展绝不是权宜之计，而是立足社会主义现代化建设全局的战略选择。这就要求我们坚持以人民为中心的发展思想推动高质量发展，把高质量发展同满足人民美好生活需要紧密结合起来。而良好的生态环境能够为人民提供清新的空气、清洁的水源、宜人的气候，让老百姓看得见山、望得见水、记得住乡愁，从而为实现人的全面发展奠定坚实的基础，为中华民族的永续发展拓展空间。

特别需要提出的是，在经济社会发展各方面都推动高质量发展的大背景下，我国欠发达地区更需要在推动生态环境保护高质量发展上下功夫。欠发达地区底子薄、基础差、生产力发展不平衡、经济结构矛盾突出、资源环境约束趋紧、增长动力后劲不足、科技水平不发达、质量效益偏低、思想观念相对落后等，尤其需要通过推动高质量发展补短板、强弱项。

就欠发达地区本身而言，需深化对"生态环境问题归根结底是发展方式和生活方式问题"的认识，把推动生态环境保护、促进高质量发展作为打基础、补短板、强弱项、管长远的任务来抓，以此加快转变经济发展方式，推动产业转型升级，实现新旧动能转换，推动经济发展实现量的合理增长和质的稳步提升，因地制宜、扬长补短，走出适合本地区实际的高质量发展之路。

◆ 学 习 与 思 考

1. 如何理解"人与自然和谐共生"？
2. 如何理解"绿水青山就是金山银山"？
3. 如何理解"山水林田湖草是生命共同体"？
4. 如何理解"良好生态环境是最公平的公共产品、最普惠的民生福祉"？
5. 保护生态环境要着重做好哪些工作？
6. "共谋全球生态文明建设"对我们提出哪些新要求？
7. 结合实际谈谈应如何通过加强生态保护来促进经济高质量发展。

附 录

"十四五"规划和 2035 年远景目标纲要（节选）

第四篇 形成强大国内市场 构建新发展格局

坚持扩大内需这个战略基点，加快培育完整内需体系，把实施扩大内需战略同深化供给侧结构性改革有机结合起来，以创新驱动、高质量供给引领和创造新需求，加快构建以国内大循环为主体、国内国际双循环相互促进的新发展格局。

第十二章 畅通国内大循环

依托强大国内市场，贯通生产、分配、流通、消费各环节，形成需求牵引供给、供给创造需求的更高水平动态平衡，促进国民经济良性循环。

第一节 提升供给体系适配性

深化供给侧结构性改革，提高供给适应引领创造新需求能力。适应个性化、差异化、品质化消费需求，推动生产模式和产业组织方式创新，持续扩大优质消费品、中高端产品供给和教育、医疗、养老等服务供给，提升产品服务质量和客户满意度，推动供需协调匹配。优化提升供给结构，促进农业、制造业、服务业、能源资源等产业协调发展。完善产业配套体系，加快自然垄断行业竞争性环节市场化，实现上下游、产供销有效衔接。健全市场化法治化化解过剩产能长效机制，完善企业兼并重组法律法规和配套政策。建立健全质量分级制度，加快标准升级迭代和国际标准转化应用。开展中国品牌创建行动，保护发展中华老字号，提升自主品牌影响力和竞争力，率先在化妆品、服装、家纺、电子产品等消费品领域培育一批高端品牌。

第二节 促进资源要素顺畅流动

破除制约要素合理流动的堵点，矫正资源要素失衡错配，从源头上畅通国民经济循环。提高金融服务实体经济能力，健全实体经济中长期资金供给制度安排，创新直达实体经济的金融产品和服务，增强多层次资本市场融资功能。实施房地产市场平稳健康发展长效机制，促进房地产与实体经济均衡发展。有效提升劳动者技能，提高就业质量和收入水平，形成人力资本提升和产业转型升级良性循环。健全城乡要素自由流动机制，构建区域产业梯度转移格局，促进城乡区域良性互动。

第三节 强化流通体系支撑作用

深化流通体制改革，畅通商品服务流通渠道，提升流通效率，降低全社会交易成本。加快构建国内统一大市场，对标国际先进规则和最佳实践优化市场环境，促进不同地区和行业标准、规则、政策协调统一，有效破除地方保护、行业垄断和市场分割。建设现代物流体系，加快发展冷链物流，统筹物流枢纽设施、骨干线路、区域分拨中心和末端配送节点建设，完善国家物流枢纽、骨干冷链物流基地设施条件，健全县乡村三级物流配送体系，发展高铁快运等铁路快捷货运产品，加强国际航空货运能力建设，提升国际海运竞争力。优化国际物流通道，加快形成内外联通、安全高效的物流网络。完善现代商贸流通体系，培育一批具有全球竞争力的现代流通企业，支持便利店、农贸市场等商贸流通设施改造升级，发展无接触交易服务，加强商贸流通标准化建设和绿色发展。加快建立储备充足、反应迅速、抗冲击能力强的应急物流体系。

第四节 完善促进国内大循环的政策体系

保持合理的财政支出力度和赤字率水平，完善减税降费政策，构建有利于企业扩大投资、增加研发投入、调节收入分配、减轻消费者负担的税收制度。保持流动性合理充裕，保持货币供应量和社会融资规模增速同名义经济增速基本匹配，创新结构性政策工具，引导金融机构加大对重点领域和薄弱环节支持力度，规范发展消费信贷。推动产业政策向普惠化和功能性转型，强化竞争政策基础性地位，支持技术创新和结构升级。健全与经济发展水平相适应的收入分配、社会保障和公共服务制度。

第十三章　促进国内国际双循环

立足国内大循环，协同推进强大国内市场和贸易强国建设，形成全球资源要素强大引力场，促进内需和外需、进口和出口、引进外资和对外投资协调发展，加快培育参与国际合作和竞争新优势。

第一节　推动进出口协同发展

完善内外贸一体化调控体系，促进内外贸法律法规、监管体制、经营资质、质量标准、检验检疫、认证认可等相衔接，推进同线同标同质。降低进口关税和制度性成本，扩大优质消费品、先进技术、重要设备、能源资源等进口，促进进口来源多元化。完善出口政策，优化出口商品质量和结构，稳步提高出口附加值。优化国际市场布局，引导企业深耕传统出口市场、拓展新兴市场，扩大与周边国家贸易规模，稳定国际市场份额。推动加工贸易转型升级，深化外贸转型升级基地、海关特殊监管区域、贸易促进平台、国际营销服务网络建设，加快发展跨境电商、市场采购贸易等新模式，鼓励建设海外仓，保障外贸产业链供应链畅通运转。创新发展服务贸易，推进服务贸易创新发展试点开放平台建设，提升贸易数字化水平。实施贸易投资融合工程。办好中国国际进口博览会、中国进出口商品交易会、中国国际服务贸易交易会等展会。

第二节　提高国际双向投资水平

坚持引进来和走出去并重，以高水平双向投资高效利用全球资源要素和市场空间，完善产业链供应链保障机制，推动产业竞争力提升。更大力度吸引和利用外资,有序推进电信、互联网、教育、文化、医疗等领域相关业务开放。全面优化外商投资服务,加强外商投资促进和保护,发挥重大外资项目示范效应,支持外资加大中高端制造、高新技术、传统制造转型升级、现代服务等领域和中西部地区投资,支持外资企业设立研发中心和参与承担国家科技计划项目。鼓励外资企业利润再投资。坚持企业主体,创新境外投资方式,优化境外投资结构和布局,提升风险防范能力和收益水平。完善境外生产服务网络和流通体系,加快金融、咨询、会计、法律等生产性服务业国际化发展,推动中国产品、服务、技术、品牌、标准走出去。支持企业融入全球产业链供应链,提高跨国经营能力和水平。引导企业加强合规管理,防范化解境外政治、经济、安全等各类风险。推进多双边投资合作机制建设,健全促进和保障境外投资政策和服务体系,推动境外投资立法。

第十四章 加快培育完整内需体系

深入实施扩大内需战略,增强消费对经济发展的基础性作用和投资对优化供给结构的关键性作用,建设消费和投资需求旺盛的强大国内市场。

第一节 全面促进消费

顺应居民消费升级趋势,把扩大消费同改善人民生活品质结合起来,促进消费向绿色、健康、安全发展,稳步提高居民消费水平。提升传统消费,加快推动汽车等消费品由购买管理向使用管理转变,健全强制报废制度和废旧家电、消费电子等耐用消费品回收处理体系,促进住房消费健康发展。培育新型消费,发展信息消费、数字消费、绿色消费,鼓励定制、体验、智能、时尚消费等新模式新业态发展。发展服务消费,放宽服务消费领域市场准入,推动教育培训、医疗健康、养老托育、文旅体育等消费提质扩容,加快线上线下融合发展。适当增加公共消费,提高公共服务支出效率。扩大节假日消费,完善节假日制度,全面落实带薪休假制度。培育建设国际消费中心城市,打造一批区域消费中心。完善城乡融合消费网络，扩大电子商务进农村覆盖面，改善县域消费环境，推动农村消费梯次升级。完善市内免税店政策，规划建设一批中国特色市内免税店。采取增加居民收入与减负并举等措施，不断扩大中等收入群体，持续释放消费潜力。强化消费者权益保护，完善质量标准和后评价体系，健全缺陷产品召回、产品伤害监测、产品质量担保等制度，完善多元化消费维权机制和纠纷解决机制。

第二节 拓展投资空间

优化投资结构，提高投资效率，保持投资合理增长。加快补齐基础设施、市政工程、农业农村、公共安全、生态环保、公共卫生、物资储备、防灾减灾、民生保障等领域短板，推动企业设备更新和技术改造，扩大战略性新兴产业投资。推进既促消费惠民生又调结构增后劲的新型基础设施、新型城镇化、交通水利等重大工程建设。面向服务国家重大战略，实施川藏铁路、西部陆海新通道、国家水网、雅鲁藏布江下游水电开发、星际探测、北斗产业化等重大工程，推进重大科研设施、重大生态系统保护修复、公共卫生应急保障、重大引调水、防洪减灾、送电输气、沿边沿江沿海交通等一批强基础、增功能、利长远的重大项目建设。深化投融资体制改革，发挥政府投资撬动作用，激发民间投资活力，形成市场主导的投资内生增长机制。健全项目谋划、储备、推进机制，加大资金、用地等要素保障力度，加快投资项目落地见效。规范有序推进政府和社会资本合作（PPP），推动基础设施领域不动产投资信托基金（REITs）健康发展，有效盘活存量资产，形成存量资产和新增投资的良性循环。

第七篇 坚持农业农村优先发展 全面推进乡村振兴

走中国特色社会主义乡村振兴道路，全面实施乡村振兴战略，强化以工补农、以城带乡，推动形成工农互促、城乡互补、协调发展、共同繁荣的新型工农城乡关系，加快农业农村现代化。

第二十三章 提高农业质量效益和竞争力

持续强化农业基础地位,深化农业供给侧结构性改革,强化质量导向,推动乡村产业振兴。

第一节 增强农业综合生产能力

夯实粮食生产能力基础,保障粮、棉、油、糖、肉、奶等重要农产品供给安全。坚持最严格的耕地保护制度,强化耕地数量保护和质量提升,严守18亿亩耕地红线,遏制耕地"非农化"、防止"非粮化",规范耕地占补平衡,严禁占优补劣、占水田补旱地。以粮食生产功能区和重要农产品生产保护区为重点,建设国家粮食安全产业带,实施高标准农田建设工程,建成10.75亿亩集中连片高标准农田。实施黑土地保护工程,加强东北黑土地保护和地力恢复。推进大中型灌区节水改造和精细化管理,建设节水灌溉骨干工程,同步推进水价综合改革。加强大中型、智能化、复合型农业机械研发应用,农作物耕种收综合机械化率提高到75%。加强种质资源保护利用和种子库建设,确保种源安全。加强农业良种技术攻关,有序推进生物育种产业化应用,培育具有国际竞争力的种业龙头企业。完善农业科技创新体系,创新农技推广服务方式,建设智慧农业。加强动物防疫和农作物病虫害防治,强化农业气象服务。

第二节 深化农业结构调整

优化农业生产布局,建设优势农产品产业带和特色农产品优势区。推进粮经饲统筹、农林牧渔协调,优化种植业结构,大力发展现代畜牧业,促进水产生态健康养殖。积极发展设施农业,因地制宜发展林果业。深入推进优质粮食工程。推进农业绿色转型,加强产地环境保护治理,发展节水农业和旱作农业,深入实施农药化肥减量行动,治理农膜污染,提升农膜回收利用率,推进秸秆综合利用和畜禽粪污资源化利用。完善绿色农业标准体系,加强绿色食品、有机农产品和地理标志农产品认证管理。强化全过程农产品质量安全监管,健全追溯体系。建设现代农业产业园区和农业现代化示范区。

第三节 丰富乡村经济业态

发展县域经济，推进农村一二三产业融合发展，延长农业产业链条，发展各具特色的现代乡村富民产业。推动种养加结合和产业链再造，提高农产品加工业和农业生产性服务业发展水平，壮大休闲农业、乡村旅游、民宿经济等特色产业。加强农产品仓储保鲜和冷链物流设施建设，健全农村产权交易、商贸流通、检验检测认证等平台和智能标准厂房等设施，引导农村二三产业集聚发展。完善利益联结机制，通过"资源变资产、资金变股金、农民变股东"，让农民更多分享产业增值收益。

第二十四章 实施乡村建设行动

把乡村建设摆在社会主义现代化建设的重要位置，优化生产生活生态空间，持续改善村容村貌和人居环境，建设美丽宜居乡村。

第一节 强化乡村建设的规划引领

统筹县域城镇和村庄规划建设，通盘考虑土地利用、产业发展、居民点建设、人居环境整治、生态保护、防灾减灾和历史文化传承。科学编制县域村庄布局规划，因地制宜、分类推进村庄建设，规范开展全域土地综合整治，保护传统村落、民族村寨和乡村风貌，严禁随意撤并村庄搞大社区、违背农民意愿大拆大建。优化布局乡村生活空间，严格保护农业生产空间和乡村生态空间，科学划定养殖业适养、限养、禁养区域。鼓励有条件地区编制实用性村庄规划。

第二节 提升乡村基础设施和公共服务水平

以县域为基本单元推进城乡融合发展，强化县城综合服务能力和乡镇服务农民功能。健全城乡基础设施统一规划、统一建设、统一管护机制，推动市政公用设施向郊区乡村和规模较大中心镇延伸，完善乡村水、电、路、气、邮政通信、广播电视、物流等基础设施，提升农房建设质量。推进城乡基本公共服务标准统一、制度并轨，增加农村教育、医疗、养老、文化等服务供给，推进县域内教师医生交流轮岗，鼓励社会力量兴办农村公益事业。提高农民科技文化素质，推动乡村人才振兴。

第三节 改善农村人居环境

开展农村人居环境整治提升行动，稳步解决"垃圾围村"和乡村黑臭水体等突出环境问题。推进农村生活垃圾就地分类和资源化利用，以乡镇政府驻地和中心村为重点梯次推进农村生活污水治理。支持因地制宜推进农村厕所革命。推进农村水系综合整治。深入开展村庄清洁和绿化行动，实现村庄公共空间及庭院房屋、村庄周边干净整洁。

第二十五章 健全城乡融合发展体制机制

建立健全城乡要素平等交换、双向流动政策体系，促进要素更多向乡村流动，增强农业农村发展活力。

第一节 深化农业农村改革

巩固完善农村基本经营制度，落实第二轮土地承包到期后再延长30年政策，完善农村承包地所有权、承包权、经营权分置制度，进一步放活经营权。发展多种形式适度规模经营，加快培育家庭农场、农民合作社等新型农业经营主体，健全农业专业化社会化服务体系，实现小农户和现代农业有机衔接。深化农村宅基地制度改革试点，加快房地一体的宅基地确权颁证，探索宅基地所有权、资格权、使用权分置实现形式。积极探索实施农村集体经营性建设用地入市制度。允许农村集体在农民自愿前提下，依法把有偿收回的闲置宅基地、废弃的集体公益性建设用地转变为集体经营性建设用地入市。建立土地征收公共利益认定机制，缩小土地征收范围。深化农村集体产权制度改革，完善产权权能，将经营性资产量化到集体经济组织成员，发展壮大新型农村集体经济。切实减轻村级组织负担。发挥国家城乡融合发展试验区、农村改革试验区示范带动作用。

第二节 加强农业农村发展要素保障

健全农业农村投入保障制度，加大中央财政转移支付、土地出让收入、地方政府债券支持农业农村力度。健全农业支持保护制度，完善粮食主产区利益补偿机制,构建新型农业补贴政策体系,完善粮食最低收购价政策。深化供销合作社改革。完善农村用地保障机制,保障设施农业和乡村产业发展合理用地需求。健全农村金融服务体系,完善金融支农激励机制,扩大农村资产抵押担保融资范围,发展农业保险。允许入乡就业创业人员在原籍地或就业创业地落户并享受相关权益,建立科研人员入乡兼职兼薪和离岗创业制度。

第二十六章 实现巩固拓展脱贫攻坚成果同乡村振兴有效衔接

建立完善农村低收入人口和欠发达地区帮扶机制,保持主要帮扶政策和财政投入力度总体稳定,接续推进脱贫地区发展。

第一节 巩固提升脱贫攻坚成果

严格落实"摘帽不摘责任、摘帽不摘政策、摘帽不摘帮扶、摘帽不摘监管"要求,建立健全巩固拓展脱贫攻坚成果长效机制。健全防止返贫动态监测和精准帮扶机制,对易返贫致贫人口实施常态化监测,建立健全快速发现和响应机制,分层分类及时纳入帮扶政策范围。完善农村社会保障和救助制度,健全农村低收入人口常态化帮扶机制。对脱贫地区继续实施城乡建设用地增减挂钩节余指标省内交易政策、调整完善跨省域交易政策。加强扶贫项目资金资产管理和监督,推动特色产业可持续发展。推广以工代赈方式,带动低收入人口就地就近就业。做好易地扶贫搬迁后续帮扶,加强大型搬迁安置区新型城镇化建设。

第二节 提升脱贫地区整体发展水平

实施脱贫地区特色种养业提升行动,广泛开展农产品产销对接活动,深化拓展消费帮扶。在西部地区脱贫县中集中支持一批乡村振兴重点帮扶县,从财政、金融、土地、人才、基础设施、公共服务等方面给予集中支持,增强其巩固脱贫成果及内生发展能力。坚持和完善东西部协作和对口支援、中央单位定点帮扶、社会力量参与帮扶等机制,调整优化东西部协作结对帮扶关系和帮扶方式,强化产业合作和劳务协作。

第八篇　完善新型城镇化战略　提升城镇化发展质量

坚持走中国特色新型城镇化道路，深入推进以人为核心的新型城镇化战略，以城市群、都市圈为依托促进大中小城市和小城镇协调联动、特色化发展，使更多人民群众享有更高品质的城市生活。

第二十七章　加快农业转移人口市民化

坚持存量优先、带动增量，统筹推进户籍制度改革和城镇基本公共服务常住人口全覆盖，健全农业转移人口市民化配套政策体系，加快推动农业转移人口全面融入城市。

第一节　深化户籍制度改革

放开放宽除个别超大城市外的落户限制，试行以经常居住地登记户口制度。全面取消城区常住人口 300 万以下的城市落户限制，确保外地与本地农业转移人口进城落户标准一视同仁。全面放宽城区常住人口 300 万至 500 万的 I 型大城市落户条件。完善城区常住人口 500 万以上的超大特大城市积分落户政策，精简积分项目，确保社会保险缴纳年限和居住年限分数占主要比例，鼓励取消年度落户名额限制。健全以居住证为载体、与居住年限等条件相挂钩的基本公共服务提供机制，鼓励地方政府提供更多基本公共服务和办事便利，提高居住证持有人城镇义务教育、住房保障等服务的实际享有水平。

第二节　健全农业转移人口市民化机制

完善财政转移支付与农业转移人口市民化挂钩相关政策，提高均衡性转移支付分配中常住人口折算比例，中央财政市民化奖励资金分配主要依据跨省落户人口数量确定。建立财政性建设资金对吸纳落户较多城市的基础设施投资补助机制，加大中央预算内投资支持力度。调整城镇建设用地年度指标分配依据，建立同吸纳农业转移人口落户数量和提供保障性住房规模挂钩机制。根据人口流动实际调整人口流入流出地区教师、医生等编制定额和基本公共服务设施布局。依法保障进城落户农民农村土地承包权、宅基地使用权、集体收益分配权，建立农村产权流转市场体系，健全农户"三权"市场化退出机制和配套政策。

第二十八章　完善城镇化空间布局

发展壮大城市群和都市圈，分类引导大中小城市发展方向和建设重点，形成疏密有致、分工协作、功能完善的城镇化空间格局。

第一节　推动城市群一体化发展

以促进城市群发展为抓手，全面形成"两横三纵"城镇化战略格局。优化提升京津冀、长三角、珠三角、成渝、长江中游等城市群，发展壮大山东半岛、粤闽浙沿海、中原、关中平原、北部湾等城市群，培育发展哈长、辽中南、山西中部、黔中、滇中、呼包鄂榆、兰州—西宁、宁夏沿黄、天山北坡等城市群。建立健全城市群一体化协调发展机制和成本共担、利益共享机制，统筹推进基础设施协调布局、产业分工协作、公共服务共享、生态共建环境共治。优化城市群内部空间结构，构筑生态和安全屏障，形成多中心、多层级、多节点的网络型城市群。

第二节　建设现代化都市圈

依托辐射带动能力较强的中心城市，提高1小时通勤圈协同发展水平，培育发展一批同城化程度高的现代化都市圈。以城际铁路和市域（郊）铁路等轨道交通为骨干，打通各类"断头路"、"瓶颈路"，推动市内市外交通有效衔接和轨道交通"四网融合"，提高都市圈基础设施连接性贯通性。鼓励都市圈社保和落户积分互认、教育和医疗资源共享，推动科技创新券通兑通用、产业园区和科研平台合作共建。鼓励有条件的都市圈建立统一的规划委员会，实现规划统一编制、统一实施，探索推进土地、人口等统一管理。

第三节　优化提升超大特大城市中心城区功能

统筹兼顾经济、生活、生态、安全等多元需要，转变超大特大城市开发建设方式，加强超大特大城市治理中的风险防控，促进高质量、可持续发展。有序疏解中心城区一般性制造业、区域性物流基地、专业市场等功能和设施，以及过度集中的医疗和高等教育等公共服务资源，合理降低开发强度和人口密度。增强全球资源配置、科技创新策源、高端产业引领功能，率先形成以现代服务业为主体、先进制造业为支撑的产业结构，提升综合能级与国际竞争力。坚持产城融合，完善郊区新城功能，实现多中心、组团式发展。

第四节 完善大中城市宜居宜业功能

充分利用综合成本相对较低的优势，主动承接超大特大城市产业转移和功能疏解，夯实实体经济发展基础。立足特色资源和产业基础，确立制造业差异化定位，推动制造业规模化集群化发展，因地制宜建设先进制造业基地、商贸物流中心和区域专业服务中心。优化市政公用设施布局和功能，支持三级医院和高等院校在大中城市布局，增加文化体育资源供给，营造现代时尚的消费场景，提升城市生活品质。

第五节 推进以县城为重要载体的城镇化建设

加快县城补短板强弱项，推进公共服务、环境卫生、市政公用、产业配套等设施提级扩能，增强综合承载能力和治理能力。支持东部地区基础较好的县城建设，重点支持中西部和东北城镇化地区县城建设，合理支持农产品主产区、重点生态功能区县城建设。健全县城建设投融资机制，更好发挥财政性资金作用，引导金融资本和社会资本加大投入力度。稳步有序推动符合条件的县和镇区常住人口20万以上的特大镇设市。按照区位条件、资源禀赋和发展基础，因地制宜发展小城镇，促进特色小镇规范健康发展。

第二十九章 全面提升城市品质

加快转变城市发展方式，统筹城市规划建设管理，实施城市更新行动，推动城市空间结构优化和品质提升。

第一节 转变城市发展方式

按照资源环境承载能力合理确定城市规模和空间结构，统筹安排城市建设、产业发展、生态涵养、基础设施和公共服务。推行功能复合、立体开发、公交导向的集约紧凑型发展模式,统筹地上地下空间利用,增加绿化节点和公共开敞空间,新建住宅推广街区制。推行城市设计和风貌管控,落实适用、经济、绿色、美观的新时期建筑方针,加强新建高层建筑管控。加快推进城市更新,改造提升老旧小区、老旧厂区、老旧街区和城中村等存量片区功能,推进老旧楼宇改造,积极扩建新建停车场、充电桩。

第二节 推进新型城市建设

顺应城市发展新理念新趋势,开展城市现代化试点示范,建设宜居、创新、智慧、绿色、人文、韧性城市。提升城市智慧化水平,推行城市楼宇、公共空间、地下管网等"一张图"数字化管理和城市运行一网统管。科学规划布局城市绿环绿廊绿楔绿道,推进生态修复和功能完善工程,优先发展城市公共交通,建设自行车道、步行道等慢行网络,发展智能建造,推广绿色建材、装配式建筑和钢结构住宅,建设低碳城市。保护和延续城市文脉,杜绝大拆大建,让城市留下记忆、让居民记住乡愁。建设源头减排、蓄排结合、排涝除险、超标应急的城市防洪排涝体系,推动城市内涝治理取得明显成效。增强公共设施应对风暴、干旱和地质灾害的能力,完善公共设施和建筑应急避难功能。加强无障碍环境建设。拓展城市建设资金来源渠道,建立期限匹配、渠道多元、财务可持续的融资机制。

第三节 提高城市治理水平

坚持党建引领、重心下移、科技赋能,不断提升城市治理科学化精细化智能化水平,推进市域社会治理现代化。改革完善城市管理体制。推广"街乡吹哨、部门报到、接诉即办"等基层管理机制经验,推动资源、管理、服务向街道社区下沉,加快建设现代社区。运用数字技术推动城市管理手段、管理模式、管理理念创新,精准高效满足群众需求。加强物业服务监管,提高物业服务覆盖率、服务质量和标准化水平。

第四节 完善住房市场体系和住房保障体系

坚持房子是用来住的、不是用来炒的定位,加快建立多主体供给、多渠道保障、租购并举的住房制度，让全体人民住有所居、职住平衡。坚持因地制宜、多策并举，夯实城市政府主体责任，稳定地价、房价和预期。建立住房和土地联动机制，加强房地产金融调控，发挥住房税收调节作用，支持合理自住需求，遏制投资投机性需求。加快培育和发展住房租赁市场，有效盘活存量住房资源，有力有序扩大城市租赁住房供给，完善长租房政策，逐步使租购住房在享受公共服务上具有同等权利。加快住房租赁法规建设，加强租赁市场监管，保障承租人和出租人合法权益。有效增加保障性住房供给，完善住房保障基础性制度和支持政策。以人口流入多、房价高的城市为重点，扩大保障性租赁住房供给，着力解决困难群体和新市民住房问题。单列租赁住房用地计划，探索利用集体建设用地和企事业单位自有闲置土地建设租赁住房，支持将非住宅房屋改建为保障性租赁住房。完善土地出让收入分配机制，加大财税、金融支持力度。因地制宜发展共有产权住房。处理好基本保障和非基本保障的关系，完善住房保障方式，健全保障对象、准入门槛、退出管理等政策。改革完善住房公积金制度，健全缴存、使用、管理和运行机制。

第十一篇　推动绿色发展　促进人与自然和谐共生

坚持绿水青山就是金山银山理念，坚持尊重自然、顺应自然、保护自然，坚持节约优先、保护优先、自然恢复为主，实施可持续发展战略，完善生态文明领域统筹协调机制，构建生态文明体系，推动经济社会发展全面绿色转型，建设美丽中国。

第三十七章　提升生态系统质量和稳定性

坚持山水林田湖草系统治理，着力提高生态系统自我修复能力和稳定性，守住自然生态安全边界，促进自然生态系统质量整体改善。

第一节 完善生态安全屏障体系

强化国土空间规划和用途管控,划定落实生态保护红线、永久基本农田、城镇开发边界以及各类海域保护线。以国家重点生态功能区、生态保护红线、国家级自然保护地等为重点,实施重要生态系统保护和修复重大工程,加快推进青藏高原生态屏障区、黄河重点生态区、长江重点生态区和东北森林带、北方防沙带、南方丘陵山地带、海岸带等生态屏障建设。加强长江、黄河等大江大河和重要湖泊湿地生态保护治理,加强重要生态廊道建设和保护。全面加强天然林和湿地保护,湿地保护率提高到55%。科学推进水土流失和荒漠化、石漠化综合治理,开展大规模国土绿化行动,推行林长制。科学开展人工影响天气活动。推行草原森林河流湖泊休养生息,健全耕地休耕轮作制度,巩固退耕还林还草、退田还湖还湿、退围还滩还海成果。

第二节 构建自然保护地体系

科学划定自然保护地保护范围及功能分区,加快整合归并优化各类保护地,构建以国家公园为主体、自然保护区为基础、各类自然公园为补充的自然保护地体系。严格管控自然保护地范围内非生态活动,稳妥推进核心区内居民、耕地、矿权有序退出。完善国家公园管理体制和运营机制,整合设立一批国家公园。实施生物多样性保护重大工程,构筑生物多样性保护网络,加强国家重点保护和珍稀濒危野生动植物及其栖息地的保护修复,加强外来物种管控。完善生态保护和修复用地用海等政策。完善自然保护地、生态保护红线监管制度,开展生态系统保护成效监测评估。

第三节 健全生态保护补偿机制

加大重点生态功能区、重要水系源头地区、自然保护地转移支付力度,鼓励受益地区和保护地区、流域上下游通过资金补偿、产业扶持等多种形式开展横向生态补偿。完善市场化多元化生态补偿,鼓励各类社会资本参与生态保护修复。完善森林、草原和湿地生态补偿制度。推动长江、黄河等重要流域建立全流域生态补偿机制。建立生态产品价值实现机制,在长江流域和三江源国家公园等开展试点。制定实施生态保护补偿条例。

第三十八章 持续改善环境质量

深入打好污染防治攻坚战,建立健全环境治理体系,推进精准、科学、依法、系统治污,协同推进减污降碳,不断改善空气、水环境质量,有效管控土壤污染风险。

第一节 深入开展污染防治行动

坚持源头防治、综合施策,强化多污染物协同控制和区域协同治理。加强城市大气质量达标管理,推进细颗粒物(PM2.5)和臭氧(O3)协同控制,地级及以上城市PM2.5浓度下降10%,有效遏制O3浓度增长趋势,基本消除重污染天气。持续改善京津冀及周边地区、汾渭平原、长三角地区空气质量,因地制宜推动北方地区清洁取暖、工业窑炉治理、非电行业超低排放改造,加快挥发性有机物排放综合整治,氮氧化物和挥发性有机物排放总量分别下降10%以上。完善水污染防治流域协同机制,加强重点流域、重点湖泊、城市水体和近岸海域综合治理,推进美丽河湖保护与建设,化学需氧量和氨氮排放总量分别下降8%,基本消除劣Ⅴ类国控断面和城市黑臭水体。开展城市饮用水水源地规范化建设,推进重点流域重污染企业搬迁改造。推进受污染耕地和建设用地管控修复,实施水土环境风险协同防控。加强塑料污染全链条防治。加强环境噪声污染治理。重视新污染物治理。

第二节 全面提升环境基础设施水平

构建集污水、垃圾、固废、危废、医废处理处置设施和监测监管能力于一体的环境基础设施体系,形成由城市向建制镇和乡村延伸覆盖的环境基础设施网络。推进城镇污水管网全覆盖,开展污水处理差别化精准提标,推广污泥集中焚烧无害化处理,城市污泥无害化处置率达到90%,地级及以上缺水城市污水资源化利用率超过25%。建设分类投放、分类收集、分类运输、分类处理的生活垃圾处理系统。以主要产业基地为重点布局危险废弃物集中利用处置设施。加快建设地级及以上城市医疗废弃物集中处理设施，健全县域医疗废弃物收集转运处置体系。

第三节　严密防控环境风险

建立健全重点风险源评估预警和应急处置机制。全面整治固体废物非法堆存，提升危险废弃物监管和风险防范能力。强化重点区域、重点行业重金属污染监控预警。健全有毒有害化学物质环境风险管理体制，完成重点地区危险化学品生产企业搬迁改造。严格核与辐射安全监管，推进放射性污染防治。建立生态环境突发事件后评估机制和公众健康影响评估制度。在高风险领域推行环境污染强制责任保险。

第四节　积极应对气候变化

落实2030年应对气候变化国家自主贡献目标，制定2030年前碳排放达峰行动方案。完善能源消费总量和强度双控制度，重点控制化石能源消费。实施以碳强度控制为主、碳排放总量控制为辅的制度，支持有条件的地方和重点行业、重点企业率先达到碳排放峰值。推动能源清洁低碳安全高效利用，深入推进工业、建筑、交通等领域低碳转型。加大甲烷、氢氟碳化物、全氟化碳等其他温室气体控制力度。提升生态系统碳汇能力。锚定努力争取2060年前实现碳中和，采取更加有力的政策和措施。加强全球气候变暖对我国承受力脆弱地区影响的观测和评估，提升城乡建设、农业生产、基础设施适应气候变化能力。加强青藏高原综合科学考察研究。坚持公平、共同但有区别的责任及各自能力原则，建设性参与和引领应对气候变化国际合作，推动落实联合国气候变化框架公约及其巴黎协定，积极开展气候变化南南合作。

第五节　健全现代环境治理体系

建立地上地下、陆海统筹的生态环境治理制度。全面实行排污许可制，实现所有固定污染源排污许可证核发，推动工业污染源限期达标排放，推进排污权、用能权、用水权、碳排放权市场化交易。完善环境保护、节能减排约束性指标管理。完善河湖管理保护机制，强化河长制、湖长制。加强领导干部自然资源资产离任审计。完善中央生态环境保护督察制度。完善省以下生态环境机构监测监察执法垂直管理制度,推进生态环境保护综合执法改革,完善生态环境公益诉讼制度。加大环保信息公开力度,加强企业环境治理责任制度建设,完善公众监督和举报反馈机制,引导社会组织和公众共同参与环境治理。

第三十九章　加快发展方式绿色转型

坚持生态优先、绿色发展,推进资源总量管理、科学配置、全面节约、循环利用,协同推进经济高质量发展和生态环境高水平保护。

第一节　全面提高资源利用效率

坚持节能优先方针,深化工业、建筑、交通等领域和公共机构节能,推动5G、大数据中心等新兴领域能效提升,强化重点用能单位节能管理,实施能量系统优化、节能技术改造等重点工程,加快能耗限额、产品设备能效强制性国家标准制修订。实施国家节水行动,建立水资源刚性约束制度,强化农业节水增效、工业节水减排和城镇节水降损,鼓励再生水利用,单位GDP用水量下降16%左右。加强土地节约集约利用,加大批而未供和闲置土地处置力度,盘活城镇低效用地,支持工矿废弃土地恢复利用,完善土地复合利用、立体开发支持政策,新增建设用地规模控制在2950万亩以内,推动单位GDP建设用地使用面积稳步下降。提高矿产资源开发保护水平,发展绿色矿业,建设绿色矿山。

第二节　构建资源循环利用体系

全面推行循环经济理念,构建多层次资源高效循环利用体系。深入推进园区循环化改造,补齐和延伸产业链,推进能源资源梯级利用、废物循环利用和污染物集中处置。加强大宗固体废弃物综合利用,规范发展再制造产业。加快发展种养有机结合的循环农业。加强废旧物品回收设施规划建设,完善城市废旧物品回收分拣体系。推行生产企业"逆向回收"等模式,建立健全线上线下融合、流向可控的资源回收体系。拓展生产者责任延伸制度覆盖范围。推进快递包装减量化、标准化、循环化。

第三节　大力发展绿色经济

坚决遏制高耗能、高排放项目盲目发展，推动绿色转型实现积极发展。壮大节能环保、清洁生产、清洁能源、生态环境、基础设施绿色升级、绿色服务等产业，推广合同能源管理、合同节水管理、环境污染第三方治理等服务模式。推动煤炭等化石能源清洁高效利用，推进钢铁、石化、建材等行业绿色化改造，加快大宗货物和中长途货物运输"公转铁"、"公转水"。推动城市公交和物流配送车辆电动化。构建市场导向的绿色技术创新体系，实施绿色技术创新攻关行动，开展重点行业和重点产品资源效率对标提升行动。建立统一的绿色产品标准、认证、标识体系，完善节能家电、高效照明产品、节水器具推广机制。深入开展绿色生活创建行动。

第四节　构建绿色发展政策体系

强化绿色发展的法律和政策保障。实施有利于节能环保和资源综合利用的税收政策。大力发展绿色金融。健全自然资源有偿使用制度，创新完善自然资源、污水垃圾处理、用水用能等领域价格形成机制。推进固定资产投资项目节能审查、节能监察、重点用能单位管理制度改革。完善能效、水效"领跑者"制度。强化高耗水行业用水定额管理。深化生态文明试验区建设。深入推进山西国家资源型经济转型综合配套改革试验区建设和能源革命综合改革试点。

第十三篇　提升国民素质 促进人的全面发展

把提升国民素质放在突出重要位置，构建高质量的教育体系和全方位全周期的健康体系，优化人口结构，拓展人口质量红利，提升人力资本水平和人的全面发展能力。

第四十三章　建设高质量教育体系

全面贯彻党的教育方针，坚持优先发展教育事业，坚持立德树人，增强学生文明素养、社会责任意识、实践本领，培养德智体美劳全面发展的社会主义建设者和接班人。

第一节 推进基本公共教育均等化

巩固义务教育基本均衡成果，完善办学标准，推动义务教育优质均衡发展和城乡一体化。加快城镇学校扩容增位，保障农业转移人口随迁子女平等享有基本公共教育服务。改善乡村小规模学校和乡镇寄宿制学校条件，加强乡村教师队伍建设，提高乡村教师素质能力，完善留守儿童关爱体系，巩固义务教育控辍保学成果。巩固提升高中阶段教育普及水平，鼓励高中阶段学校多样化发展，高中阶段教育毛入学率提高到92%以上。规范校外培训。完善普惠性学前教育和特殊教育、专门教育保障机制，学前教育毛入园率提高到90%以上。提高民族地区教育质量和水平，加大国家通用语言文字推广力度。

第二节 增强职业技术教育适应性

突出职业技术（技工）教育类型特色，深入推进改革创新，优化结构与布局，大力培养技术技能人才。完善职业技术教育国家标准，推行"学历证书＋职业技能等级证书"制度。创新办学模式，深化产教融合、校企合作，鼓励企业举办高质量职业技术教育，探索中国特色学徒制。实施现代职业技术教育质量提升计划，建设一批高水平职业技术院校和专业，稳步发展职业本科教育。深化职普融通，实现职业技术教育与普通教育双向互认、纵向流动。

第三节 提高高等教育质量

推进高等教育分类管理和高等学校综合改革，构建更加多元的高等教育体系，高等教育毛入学率提高到60%。分类建设一流大学和一流学科，支持发展高水平研究型大学。建设高质量本科教育，推进部分普通本科高校向应用型转变。建立学科专业动态调整机制和特色发展引导机制，增强高校学科设置针对性，推进基础学科高层次人才培养模式改革，加快培养理工农医类专业紧缺人才。加强研究生培养管理，提升研究生教育质量，稳步扩大专业学位研究生规模。优化区域高等教育资源布局,推进中西部地区高等教育振兴。

第四节 建设高素质专业化教师队伍

建立高水平现代教师教育体系,加强师德师风建设,完善教师管理和发展政策体系,提升教师教书育人能力素质。重点建设一批师范教育基地,支持高水平综合大学开展教师教育,健全师范生公费教育制度,推进教育类研究生和公费师范生免试认定教师资格改革。支持高水平工科大学举办职业技术师范专业,建立高等学校、职业学校与行业企业联合培养"双师型"教师机制。深化中小学、幼儿园教师管理综合改革,统筹教师编制配置和跨区调整,推进义务教育教师"县管校聘"管理改革,适当提高中高级教师岗位比例。

第五节 深化教育改革

深化新时代教育评价改革,建立健全教育评价制度和机制,发展素质教育,更加注重学生爱国情怀、创新精神和健康人格培养。坚持教育公益性原则,加大教育经费投入,改革完善经费使用管理制度,提高经费使用效益。落实和扩大学校办学自主权,完善学校内部治理结构,有序引导社会参与学校治理。深化考试招生综合改革。支持和规范民办教育发展,开展高水平中外合作办学。发挥在线教育优势,完善终身学习体系,建设学习型社会。推进高水平大学开放教育资源,完善注册学习和弹性学习制度,畅通不同类型学习成果的互认和转换渠道。

第四十四章 全面推进健康中国建设

把保障人民健康放在优先发展的战略位置,坚持预防为主的方针,深入实施健康中国行动,完善国民健康促进政策,织牢国家公共卫生防护网,为人民提供全方位全生命期健康服务。

第一节 构建强大公共卫生体系

改革疾病预防控制体系,强化监测预警、风险评估、流行病学调查、检验检测、应急处置等职能。建立稳定的公共卫生事业投入机制,改善疾控基础条件,强化基层公共卫生体系。落实医疗机构公共卫生责任，创新医防协同机制。完善突发公共卫生事件监测预警处置机制，加强实验室检测网络建设，健全医疗救治、科技支撑、物资保障体系，提高应对突发公共卫生事件能力。建立分级分层分流的传染病救治网络，建立健全统一的国家公共卫生应急物资储备体系，大型公共建筑预设平疫结合改造接口。筑牢口岸防疫防线。加强公共卫生学院和人才队伍建设。完善公共卫生服务项目，扩大国家免疫规划，强化慢性病预防、早期筛查和综合干预。完善心理健康和精神卫生服务体系。

第二节 深化医药卫生体制改革

坚持基本医疗卫生事业公益属性，以提高医疗质量和效率为导向，以公立医疗机构为主体、非公立医疗机构为补充，扩大医疗服务资源供给。加强公立医院建设，加快建立现代医院管理制度，深入推进治理结构、人事薪酬、编制管理和绩效考核改革。加快优质医疗资源扩容和区域均衡布局，建设国家医学中心和区域医疗中心。加强基层医疗卫生队伍建设，以城市社区和农村基层、边境口岸城市、县级医院为重点，完善城乡医疗服务网络。加快建设分级诊疗体系，积极发展医疗联合体。加强预防、治疗、护理、康复有机衔接。推进国家组织药品和耗材集中带量采购使用改革，发展高端医疗设备。完善创新药物、疫苗、医疗器械等快速审评审批机制，加快临床急需和罕见病治疗药品、医疗器械审评审批，促进临床急需境外已上市新药和医疗器械尽快在境内上市。提升医护人员培养质量与规模，扩大儿科、全科等短缺医师规模，每千人口拥有注册护士数提高到 3.8 人。实施医师区域注册，推动医师多机构执业。稳步扩大城乡家庭医生签约服务覆盖范围，提高签约服务质量。支持社会办医，鼓励有经验的执业医师开办诊所。

第三节 健全全民医保制度

健全基本医疗保险稳定可持续筹资和待遇调整机制，完善医保缴费参保政策，实行医疗保障待遇清单制度。做实基本医疗保险市级统筹，推动省级统筹。完善基本医疗保险门诊共济保障机制，健全重大疾病医疗保险和救助制度。完善医保目录动态调整机制。推行以按病种付费为主的多元复合式医保支付方式。将符合条件的互联网医疗服务纳入医保支付范围，落实异地就医结算。扎实推进医保标准化、信息化建设，提升经办服务水平。健全医保基金监管机制。稳步建立长期护理保险制度。积极发展商业医疗保险。

第四节 推动中医药传承创新

坚持中西医并重和优势互补，大力发展中医药事业。健全中医药服务体系，发挥中医药在疾病预防、治疗、康复中的独特优势。加强中西医结合，促进少数民族医药发展。加强古典医籍精华的梳理和挖掘，建设中医药科技支撑平台，改革完善中药审评审批机制，促进中药新药研发保护和产业发展。强化中药质量监管，促进中药质量提升。强化中医药特色人才培养，加强中医药文化传承与创新发展，推动中医药走向世界。

第五节 建设体育强国

广泛开展全民健身运动，增强人民体质。推动健康关口前移，深化体教融合、体卫融合、体旅融合。完善全民健身公共服务体系，推进社会体育场地设施建设和学校场馆开放共享，提高健身步道等便民健身场所覆盖面，因地制宜发展体育公园，支持在不妨碍防洪安全前提下利用河滩地等建设公共体育设施。保障学校体育课和课外锻炼时间，以青少年为重点开展国民体质监测和干预。坚持文化教育和专业训练并重，加强竞技体育后备人才培养，提升重点项目竞技水平，巩固传统项目优势，探索中国特色足球篮球排球发展路径，持续推进冰雪运动发展，发展具有世界影响力的职业体育赛事。扩大体育消费，发展健身休闲、户外运动等体育产业。办好北京冬奥会、冬残奥会及杭州亚运会等。

第六节 深入开展爱国卫生运动

丰富爱国卫生工作内涵，促进全民养成文明健康生活方式。加强公共卫生环境基础设施建设，推进城乡环境卫生整治，强化病媒生物防制。深入推进卫生城镇创建。加强健康教育和健康知识普及，树立良好饮食风尚，制止餐饮浪费行为，开展控烟限酒行动，坚决革除滥食野生动物等陋习，推广分餐公筷、垃圾分类投放等生活习惯。

第四十五章　实施积极应对人口老龄化国家战略

制定人口长期发展战略，优化生育政策，以"一老一小"为重点完善人口服务体系，促进人口长期均衡发展。

第一节　推动实现适度生育水平

增强生育政策包容性，推动生育政策与经济社会政策配套衔接，减轻家庭生育、养育、教育负担，释放生育政策潜力。完善幼儿养育、青少年发展、老人赡养、病残照料等政策和产假制度，探索实施父母育儿假。改善优生优育全程服务，加强孕前孕产期健康服务，提高出生人口质量。建立健全计划生育特殊困难家庭全方位帮扶保障制度。改革完善人口统计和监测体系，密切监测生育形势。深化人口发展战略研究，健全人口与发展综合决策机制。

第二节　健全婴幼儿发展政策

发展普惠托育服务体系，健全支持婴幼儿照护服务和早期发展的政策体系。加强对家庭照护和社区服务的支持指导，增强家庭科学育儿能力。严格落实城镇小区配套园政策，积极发展多种形式的婴幼儿照护服务机构，鼓励有条件的用人单位提供婴幼儿照护服务，支持企事业单位和社会组织等社会力量提供普惠托育服务，鼓励幼儿园发展托幼一体化服务。推进婴幼儿照护服务专业化、规范化发展，提高保育保教质量和水平。

第三节　完善养老服务体系

推动养老事业和养老产业协同发展，健全基本养老服务体系，大力发展普惠型养老服务，支持家庭承担养老功能，构建居家社区机构相协调、医养康养相结合的养老服务体系。完善社区居家养老服务网络，推进公共设施适老化改造，推动专业机构服务向社区延伸，整合利用存量资源发展社区嵌入式养老。强化对失能、部分失能特困老年人的兜底保障，积极发展农村互助幸福院等互助性养老。深化公办养老机构改革，提升服务能力和水平，完善公建民营管理机制，支持培训疗养资源转型发展养老，加强对护理型民办养老机构的政策扶持，开展普惠养老城企联动专项行动。加强老年健康服务，深入推进医养康养结合。加大养老护理型人才培养力度，扩大养老机构护理型床位供给，养老机构护理型床位占比提高到55%，更好满足高龄失能失智老年人护理服务需求。逐步提升老年人福利水平，完善经济困难高龄失能老年人补贴制度和特殊困难失能留守老年人探访关爱制度。健全养老服务综合监管制度。构建养老、孝老、敬老的社会环境，强化老年人权益保障。综合考虑人均预期寿命提高、人口老龄化趋势加快、受教育年限增加、劳动力结构变化等因素，按照小步调整、弹性实施、分类推进、统筹兼顾等原则，逐步延迟法定退休年龄，促进人力资源充分利用。发展银发经济，开发适老化技术和产品，培育智慧养老等新业态。

第十四篇　增进民生福祉 提升共建共治共享水平

坚持尽力而为、量力而行，健全基本公共服务体系，加强普惠性、基础性、兜底性民生建设，完善共建共治共享的社会治理制度，制定促进共同富裕行动纲要，自觉主动缩小地区、城乡和收入差距，让发展成果更多更公平惠及全体人民，不断增强人民群众获得感、幸福感、安全感。

第四十六章　健全国家公共服务制度体系

加快补齐基本公共服务短板，着力增强非基本公共服务弱项，努力提升公共服务质量和水平。

第一节　提高基本公共服务均等化水平

推动城乡区域基本公共服务制度统一、质量水平有效衔接。围绕公共教育、就业创业、社会保险、医疗卫生、社会服务、住房保障、公共文化体育、优抚安置、残疾人服务等领域，建立健全基本公共服务标准体系，明确国家标准并建立动态调整机制，推动标准水平城乡区域间衔接平衡。按照常住人口规模和服务半径统筹基本公共服务设施布局和共建共享，促进基本公共服务资源向基层延伸、向农村覆盖、向边远地区和生活困难群众倾斜。

第二节 创新公共服务提供方式

区分基本与非基本，突出政府在基本公共服务供给保障中的主体地位，推动非基本公共服务提供主体多元化、提供方式多样化。在育幼、养老等供需矛盾突出的服务领域，支持社会力量扩大普惠性规范性服务供给，保障提供普惠性规范性服务的各类机构平等享受优惠政策。鼓励社会力量通过公建民营、政府购买服务、政府和社会资本合作等方式参与公共服务供给。深化公共服务领域事业单位改革，营造事业单位与社会力量公平竞争的市场环境。

第三节 完善公共服务政策保障体系

优化财政支出结构，优先保障基本公共服务补短板。明确中央和地方在公共服务领域事权和支出责任，加大中央和省级财政对基层政府提供基本公共服务的财力支持。将更多公共服务项目纳入政府购买服务指导性目录，加大政府购买力度，完善财政、融资和土地等优惠政策。在资格准入、职称评定、土地供给、财政支持、政府采购、监督管理等方面公平对待民办与公办机构。

第四十七章 实施就业优先战略

健全有利于更充分更高质量就业的促进机制，扩大就业容量，提升就业质量，缓解结构性就业矛盾。

第一节 强化就业优先政策

坚持经济发展就业导向，健全就业目标责任考核机制和就业影响评估机制。完善高校毕业生、退役军人、农民工等重点群体就业支持体系。完善与就业容量挂钩的产业政策，支持吸纳就业能力强的服务业、中小微企业和劳动密集型企业发展，稳定拓展社区超市、便利店和社区服务岗位。促进平等就业,增加高质量就业,注重发展技能密集型产业,支持和规范发展新就业形态,扩大政府购买基层教育、医疗和专业化社会服务规模。建立促进创业带动就业、多渠道灵活就业机制,全面清理各类限制性政策,增强劳动力市场包容性。统筹城乡就业政策,积极引导农村劳动力就业。扩大公益性岗位安置,着力帮扶残疾人、零就业家庭成员等困难人员就业。

第二节 健全就业公共服务体系

健全覆盖城乡的就业公共服务体系,加强基层公共就业创业服务平台建设,为劳动者和企业免费提供政策咨询、职业介绍、用工指导等服务。构建常态化援企稳岗帮扶机制,统筹用好就业补助资金和失业保险基金。健全劳务输入集中区域与劳务输出省份对接协调机制,加强劳动力跨区域精准对接。加强劳动者权益保障,健全劳动合同制度和劳动关系协调机制,完善欠薪治理长效机制和劳动争议调解仲裁制度,探索建立新业态从业人员劳动权益保障机制。健全就业需求调查和失业监测预警机制。

第三节 全面提升劳动者就业创业能力

健全终身技能培训制度,持续大规模开展职业技能培训。深入实施职业技能提升行动和重点群体专项培训计划,广泛开展新业态新模式从业人员技能培训,有效提高培训质量。统筹各级各类职业技能培训资金,创新使用方式,畅通培训补贴直达企业和培训者渠道。健全培训经费税前扣除政策,鼓励企业开展岗位技能提升培训。支持开展订单式、套餐制培训。建设一批公共实训基地和产教融合基地,推动培训资源共建共享。办好全国职业技能大赛。

第四十八章 优化收入分配结构

坚持居民收入增长和经济增长基本同步、劳动报酬提高和劳动生产率提高基本同步,持续提高低收入群体收入,扩大中等收入群体,更加积极有为地促进共同富裕。

第一节 拓展居民收入增长渠道

坚持按劳分配为主体、多种分配方式并存，提高劳动报酬在初次分配中的比重。健全工资决定、合理增长和支付保障机制，完善最低工资标准和工资指导线形成机制，积极推行工资集体协商制度。完善按要素分配政策制度，健全各类生产要素由市场决定报酬的机制，探索通过土地、资本等要素使用权、收益权增加中低收入群体要素收入。完善国有企业市场化薪酬分配机制，普遍实行全员绩效管理。改革完善体现岗位绩效和分级分类管理的事业单位薪酬制度。规范劳务派遣用工行为，保障劳动者同工同酬。多渠道增加城乡居民财产性收入，提高农民土地增值收益分享比例，完善上市公司分红制度，创新更多适应家庭财富管理需求的金融产品。完善国有资本收益上缴公共财政制度，加大公共财政支出用于民生保障力度。

第二节 扩大中等收入群体

实施扩大中等收入群体行动计划，以高校和职业院校毕业生、技能型劳动者、农民工等为重点，不断提高中等收入群体比重。提高高校、职业院校毕业生就业匹配度和劳动参与率。拓宽技术工人上升通道，畅通非公有制经济组织、社会组织、自由职业专业技术人员职称申报和技能等级认定渠道，提高技能型人才待遇水平和社会地位。实施高素质农民培育计划，运用农业农村资源和现代经营方式增加收入。完善小微创业者扶持政策，支持个体工商户、灵活就业人员等群体勤劳致富。

第三节 完善再分配机制

加大税收、社会保障、转移支付等调节力度和精准性，发挥慈善等第三次分配作用，改善收入和财富分配格局。健全直接税体系，完善综合与分类相结合的个人所得税制度，加强对高收入者的税收调节和监管。增强社会保障待遇和服务的公平性可及性，完善兜底保障标准动态调整机制。规范收入分配秩序，保护合法收入，合理调节过高收入，取缔非法收入，遏制以垄断和不正当竞争行为获取收入。建立完善个人收入和财产信息系统。健全现代支付和收入监测体系。

第四十九章　健全多层次社会保障体系

坚持应保尽保原则,按照兜底线、织密网、建机制的要求,加快健全覆盖全民、统筹城乡、公平统一、可持续的多层次社会保障体系。

第一节　改革完善社会保险制度

健全养老保险制度体系,促进基本养老保险基金长期平衡。实现基本养老保险全国统筹,放宽灵活就业人员参保条件,实现社会保险法定人群全覆盖。完善划转国有资本充实社保基金制度,优化做强社会保障战略储备基金。完善城镇职工基本养老金合理调整机制,逐步提高城乡居民基础养老金标准。发展多层次、多支柱养老保险体系,提高企业年金覆盖率,规范发展第三支柱养老保险。推进失业保险、工伤保险向职业劳动者广覆盖,实现省级统筹。推进社保转移接续,完善全国统一的社会保险公共服务平台。

第二节　优化社会救助和慈善制度

以城乡低保对象、特殊困难人员、低收入家庭为重点,健全分层分类的社会救助体系,构建综合救助格局。健全基本生活救助制度和医疗、教育、住房、就业、受灾人员等专项救助制度,完善救助标准和救助对象动态调整机制。健全临时救助政策措施,强化急难社会救助功能。加强城乡救助体系统筹,逐步实现常住地救助申领。积极发展服务类社会救助,推进政府购买社会救助服务。促进慈善事业发展,完善财税等激励政策。规范发展网络慈善平台,加强彩票和公益金管理。

第三节　健全退役军人工作体系和保障制度

完善退役军人事务组织管理体系、工作运行体系和政策制度体系,提升退役军人服务保障水平。深化退役军人安置制度改革,加大教育培训和就业扶持力度,拓展就业领域,提升安置质量。建立健全新型待遇保障体系,完善和落实优抚政策,合理提高退役军人和其他优抚对象待遇标准,做好随调配偶子女工作安排、落户和教育等工作。完善离退休军人和伤病残退役军人移交安置、收治休养制度,加强退役军人服务中心（站）建设，提升优抚医院、光荣院、军供站等建设服务水平。加强退役军人保险制度衔接。大力弘扬英烈精神，加强烈士纪念设施建设和管护，建设军人公墓。深入推动双拥模范城（县）创建。

第五十章　保障妇女未成年人和残疾人基本权益

坚持男女平等基本国策，坚持儿童优先发展，提升残疾人关爱服务水平，切实保障妇女、未成年人、残疾人等群体发展权利和机会。

第一节　促进男女平等和妇女全面发展

深入实施妇女发展纲要，持续改善妇女发展环境，促进妇女平等依法行使权利、参与经济社会发展、共享发展成果。保障妇女享有卫生健康服务，完善宫颈癌、乳腺癌综合防治体系和救助政策。保障妇女平等享有受教育权利，持续提高受教育年限和综合能力素质。保障妇女平等享有经济权益，消除就业性别歧视，依法享有产假和生育津贴，保障农村妇女土地权益。保障妇女平等享有政治权利，推动妇女广泛参与社会事务和民主管理。落实法规政策性别平等评估机制，完善分性别统计制度。提高留守妇女关爱服务水平。严厉打击侵害妇女和女童人身权利的违法犯罪行为。

第二节　提升未成年人关爱服务水平

深入实施儿童发展纲要，优化儿童发展环境，切实保障儿童生存权、发展权、受保护权和参与权。完善儿童健康服务体系，预防和控制儿童疾病，减少儿童死亡和严重出生缺陷发生，有效控制儿童肥胖和近视，实施学龄前儿童营养改善计划。保障儿童公平受教育权利，加强儿童心理健康教育和服务。加强困境儿童分类保障，完善农村留守儿童关爱服务体系，健全孤儿和事实无人抚养儿童保障机制。完善落实未成年人监护制度，严厉打击侵害未成年人权益的违法犯罪行为，完善未成年人综合保护体系。深入实施青年发展规划，促进青年全面发展，搭建青年成长成才和建功立业的平台，激发青年创新创业活力。

第三节　加强家庭建设

以建设文明家庭、实施科学家教、传承优良家风为重点，深入实施家家幸福安康工程。构建支持家庭发展的法律政策体系，推进家庭教育立法进程，加大反家庭暴力法实施力度，加强婚姻家庭辅导服务，预防和化解婚姻家庭矛盾纠纷。构建覆盖城乡的家庭教育指导服务体系，健全学校家庭社会协同育人机制。促进家庭服务多元化发展。充分发挥家庭家教家风在基层社会治理中的作用。

第四节　提升残疾人保障和发展能力

健全残疾人帮扶制度，帮助残疾人普遍参加基本医疗和基本养老保险，动态调整困难残疾人生活补贴和重度残疾人护理补贴标准。完善残疾人就业支持体系，加强残疾人劳动权益保障，优先为残疾人提供职业技能培训，扶持残疾人自主创业。推进适龄残疾儿童和少年教育全覆盖，提升特殊教育质量。建成康复大学，促进康复服务市场化发展，提高康复辅助器具适配率，提升康复服务质量。开展重度残疾人托养照护服务。加强残疾人服务设施和综合服务能力建设，完善无障碍环境建设和维护政策体系，支持困难残疾人家庭无障碍设施改造。

第五十一章　构建基层社会治理新格局

健全党组织领导的自治、法治、德治相结合的城乡基层社会治理体系，完善基层民主协商制度，建设人人有责、人人尽责、人人享有的社会治理共同体。

第一节　夯实基层社会治理基础

健全党组织领导、村（居）委会主导、人民群众为主体的基层社会治理框架。依法厘清基层政府与基层群众性自治组织的权责边界，制定县（区）职能部门、乡镇（街道）在城乡社区治理方面的权责清单制度，实行工作事项准入制度，减轻基层特别是村级组织负担。加强基层群众性自治组织规范化建设，合理确定其功能、规模和事务范围。加强基层群众自治机制建设，完善村（居）民议事会、理事会、监督委员会等自治载体，健全村（居）民参与社会治理的组织形式和制度化渠道。

第二节　健全社区管理和服务机制

推动社会治理和服务重心下移、资源下沉，提高城乡社区精准化精细化服务管理能力。推进审批权限和公共服务事项向基层延伸，构建网格化管理、精细化服务、信息化支撑、开放共享的基层管理服务平台，推动就业社保、养老托育、扶残助残、医疗卫生、家政服务、物流商超、治安执法、纠纷调处、心理援助等便民服务场景有机集成和精准对接。完善城市社区居委会职能，督促业委会和物业服务企业履行职责，改进社区物业服务管理。构建专职化、专业化的城乡社区工作者队伍。

第三节 积极引导社会力量参与基层治理

发挥群团组织和社会组织在社会治理中的作用，畅通和规范市场主体、新社会阶层、社会工作者和志愿者等参与社会治理的途径，全面激发基层社会治理活力。培育规范化行业协会商会、公益慈善组织、城乡社区社会组织，加强财政补助、购买服务、税收优惠、人才保障等政策支持和事中事后监管。支持和发展社会工作服务机构和志愿服务组织，壮大志愿者队伍，搭建更多志愿服务平台，健全志愿服务体系。

第十五篇 统筹发展和安全 建设更高水平的平安中国

坚持总体国家安全观，实施国家安全战略，维护和塑造国家安全，统筹传统安全和非传统安全，把安全发展贯穿国家发展各领域和全过程，防范和化解影响我国现代化进程的各种风险，筑牢国家安全屏障。

第五十二章 加强国家安全体系和能力建设

坚持政治安全、人民安全、国家利益至上有机统一，以人民安全为宗旨，以政治安全为根本，以经济安全为基础，以军事、科技、文化、社会安全为保障，不断增强国家安全能力。完善集中统一、高效权威的国家安全领导体制，健全国家安全法治体系、战略体系、政策体系、人才体系和运行机制，完善重要领域国家安全立法、制度、政策。巩固国家安全人民防线，加强国家安全宣传教育，增强全民国家安全意识，建立健全国家安全风险研判、防控协同、防范化解机制。健全国家安全审查和监管制度，加强国家安全执法。坚定维护国家政权安全、制度安全、意识形态安全，全面加强网络安全保障体系和能力建设，切实维护新型领域安全，严密防范和严厉打击敌对势力渗透、破坏、颠覆、分裂活动。

第五十三章　强化国家经济安全保障

强化经济安全风险预警、防控机制和能力建设，实现重要产业、基础设施、战略资源、重大科技等关键领域安全可控，着力提升粮食、能源、金融等领域安全发展能力。

第一节　实施粮食安全战略

实施分品种保障策略，完善重要农产品供给保障体系和粮食产购储加销体系，确保口粮绝对安全、谷物基本自给、重要农副产品供应充足。毫不放松抓好粮食生产，深入实施藏粮于地、藏粮于技战略，开展种源"卡脖子"技术攻关，提高良种自主可控能力。严守耕地红线和永久基本农田控制线，稳定并增加粮食播种面积和产量，合理布局区域性农产品应急保供基地。深化农产品收储制度改革，加快培育多元市场购销主体，改革完善中央储备粮管理体制，提高粮食储备调控能力。强化粮食安全省长责任制和"菜篮子"市长负责制，实行党政同责。有效降低粮食生产、储存、运输、加工环节损耗，开展粮食节约行动。积极开展重要农产品国际合作，健全农产品进口管理机制，推动进口来源多元化，培育国际大粮商和农业企业集团。制定粮食安全保障法。

第二节　实施能源资源安全战略

坚持立足国内、补齐短板、多元保障、强化储备，完善产供储销体系，增强能源持续稳定供应和风险管控能力，实现煤炭供应安全兜底、油气核心需求依靠自保、电力供应稳定可靠。夯实国内产量基础，保持原油和天然气稳产增产，做好煤制油气战略基地规划布局和管控。扩大油气储备规模，健全政府储备和企业社会责任储备有机结合、互为补充的油气储备体系。加强煤炭储备能力建设。完善能源风险应急管控体系，加强重点城市和用户电力供应保障，强化重要能源设施、能源网络安全防护。多元拓展油气进口来源，维护战略通道和关键节点安全。培育以我为主的交易中心和定价机制，积极推进本币结算。加强战略性矿产资源规划管控，提升储备安全保障能力，实施新一轮找矿突破战略行动。

第三节 实施金融安全战略

健全金融风险预防、预警、处置、问责制度体系，落实监管责任和属地责任，对违法违规行为零容忍，守住不发生系统性风险的底线。完善宏观审慎管理体系，保持宏观杠杆率以稳为主、稳中有降。加强系统重要性金融机构和金融控股公司监管，强化不良资产认定和处置，防范化解影子银行风险，有序处置高风险金融机构，严厉打击非法金融活动，健全互联网金融监管长效机制。完善债务风险识别、评估预警和有效防控机制，健全债券市场违约处置机制，推动债券市场统一执法，稳妥化解地方政府隐性债务，严惩逃废债行为。完善跨境资本流动管理框架，加强监管合作，提高开放条件下风险防控和应对能力。加强人民币跨境支付系统建设，推进金融业信息化核心技术安全可控，维护金融基础设施安全。

第五十四章 全面提高公共安全保障能力

坚持人民至上、生命至上，健全公共安全体制机制，严格落实公共安全责任和管理制度，保障人民生命安全。

第一节 提高安全生产水平

完善和落实安全生产责任制，建立公共安全隐患排查和安全预防控制体系。建立企业全员安全生产责任制度，压实企业安全生产主体责任。加强安全生产监测预警和监管监察执法，深入推进危险化学品、矿山、建筑施工、交通、消防、民爆、特种设备等重点领域安全整治，实行重大隐患治理逐级挂牌督办和整改效果评价。推进企业安全生产标准化建设，加强工业园区等重点区域安全管理。加强矿山深部开采与重大灾害防治等领域先进技术装备创新应用，推进危险岗位机器人替代。在重点领域推进安全生产责任保险全覆盖。

第二节 严格食品药品安全监管

加强和改进食品药品安全监管制度，完善食品药品安全法律法规和标准体系，探索建立食品安全民事公益诉讼惩罚性赔偿制度。深入实施食品安全战略，加强食品全链条质量安全监管，推进食品安全放心工程建设攻坚行动，加大重点领域食品安全问题联合整治力度。严防严控药品安全风险，构建药品和疫苗全生命周期管理机制，完善药品电子追溯体系，实现重点类别药品全过程来源可溯、去向可追。稳步推进医疗器械唯一标识制度。加强食品药品安全风险监测、抽检和监管执法，强化快速通报和快速反应。

第三节 加强生物安全风险防控

建立健全生物安全风险防控和治理体系，全面提高国家生物安全治理能力。完善国家生物安全风险监测预警体系和防控应急预案制度，健全重大生物安全事件信息统一发布机制。加强动植物疫情和外来入侵物种口岸防控。统筹布局生物安全基础设施，构建国家生物数据中心体系，加强高级别生物安全实验室体系建设和运行管理。强化生物安全资源监管，制定完善人类遗传资源和生物资源目录，建立健全生物技术研究开发风险评估机制。推进生物安全法实施。加强生物安全领域国际合作，积极参与生物安全国际规则制定。

第四节 完善国家应急管理体系

构建统一指挥、专常兼备、反应灵敏、上下联动的应急管理体制，优化国家应急管理能力体系建设，提高防灾减灾抗灾救灾能力。坚持分级负责、属地为主，健全中央与地方分级响应机制，强化跨区域、跨流域灾害事故应急协同联动。开展灾害事故风险隐患排查治理，实施公共基础设施安全加固和自然灾害防治能力提升工程，提升洪涝干旱、森林草原火灾、地质灾害、气象灾害、地震等自然灾害防御工程标准。加强国家综合性消防救援队伍建设，增强全灾种救援能力。加强和完善航空应急救援体系与能力。科学调整应急物资储备品类、规模和结构，提高快速调配和紧急运输能力。构建应急指挥信息和综合监测预警网络体系，加强极端条件应急救援通信保障能力建设。发展巨灾保险。

第五十五章　维护社会稳定和安全

正确处理新形势下人民内部矛盾，加强社会治安防控，编织全方位、立体化、智能化社会安全网。

第一节　健全社会矛盾综合治理机制

坚持和发展新时代"枫桥经验"，构建源头防控、排查梳理、纠纷化解、应急处置的社会矛盾综合治理机制。畅通和规范群众诉求表达、利益协调、权益保障通道，完善人民调解、行政调解、司法调解联动工作体系。健全矛盾纠纷多元化解机制，充分发挥调解、仲裁、行政裁决、行政复议、诉讼等防范化解社会矛盾的作用。完善和落实信访制度，依法及时就地解决群众合理诉求。健全社会矛盾风险防控协同机制。健全社会心理服务体系和危机干预机制。

第二节　推进社会治安防控体系现代化

坚持专群结合、群防群治，提高社会治安立体化、法治化、专业化、智能化水平，形成问题联治、工作联动、平安联创的工作机制，健全社会治安防控体系。继续开展好禁毒人民战争和反恐怖斗争，推动扫黑除恶常态化，严厉打击各类违法犯罪活动，提升打击新型网络犯罪和跨国跨区域犯罪能力。坚持打防结合、整体防控，强化社会治安重点地区排查整治，健全社会治安协调联动机制。推进公安大数据智能化平台建设。完善执法司法权力运行监督和制约机制，健全执法司法人员权益保障机制。建设国门安全防控体系。深化国际执法安全务实合作。

（摘编自新华网 2021 年 3 月 13 日）